JN312495

英語ジョーク見本帖

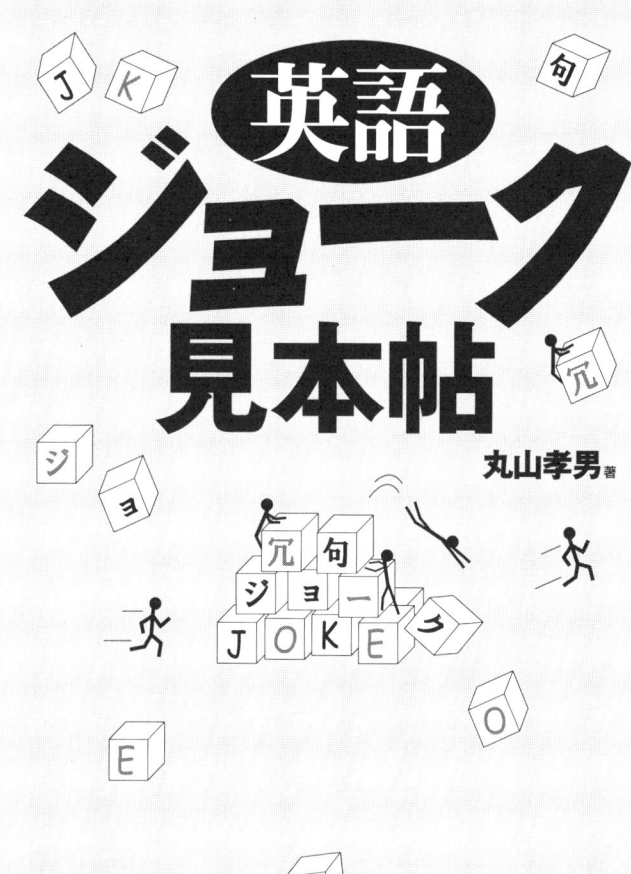

丸山孝男 著

大修館書店

まえがき

The most wasted of all days is one without laughter.
                                                    e e cummings
最も無駄に過ごした日とは，笑いのなかった日である。

　本書は先に出版した『英語 ジョークの教科書』(以下『教科書』と略す)の続編ともいうべき書物である。あれから5年の歳月が流れた。幸いにして『教科書』は多くの読者に好評をもって迎えられた。静かなる反響ともいうべきか，地味ではあったが売れ行きは好調であった。また，いろいろな形でマスコミに取り上げられたばかりか，幸運にも『産経新聞』の「産経抄」欄,『北海道新聞』の「卓上四季」欄にまで紹介していただくという栄誉に浴した。
　『教科書』が契機になり，『朝日中学生ウイークリー』には，3回にわたって「わたしの英語勉強法」というタイトルでジョークを中心としたインタヴューの記事を掲載していただいた。これらのことは，ぼくにとってはまったく予期せぬ出来事であり，まさに身に余る光栄であった。
　冒頭にこのようなことを書いたからといって，ぼくは自分のことを自慢げに吹聴したいのではない。そうではなく，ユーモア，ジョーク，笑いが日本の社会に着実に広がりつつあり，それがやがて欧米諸国のように日常生活のなかに定着していくであろうという手応えを感じたことがなによりも嬉しいのである。
　この世にまったく笑わない人というのはいない。人はみな笑う。

話のできない赤ん坊だって生後まもなく笑う。まさに笑いは人間の本性であり、人間は笑いの能力を授けられた唯一の動物である。ぼくとしては、フランスの哲学者デカルトには「われ笑う、故にわれあり」と言ってもらいたかった。

人間にとって「笑い」はいちばん普遍的な現象だが、その中味は複雑怪奇である。その証拠に、日本語には笑いの多面性を表す言葉として爆笑、失笑、微笑、苦笑、冷笑、嘲笑、哄笑、嬌笑、憫笑などとあげていけばきりがないくらいある。

笑いの奥にひそむ人間の心理には、分析を拒否する側面があるのではないだろうか。だからこそ、フランスの哲学者ベルクソンは笑いの分析は「哲学的思索に対して投げられた小癪な挑戦というべきだ」と言明せざるをえなかったのではあるまいか。

さて、笑いの理論的な考察はともかくも、本書は『教科書』がそうであるようにテーマ別・種類別に分けたジョーク集である。だから、興味のおもむくままにどの章から読みはじめてもよい。

ジョークを楽しむためには慣れ、またはコツが要る。欧米を中心に広まっているジョークの笑いと日本の笑いとではその勘所がずれることもあるからだ。しかし、この本を読み通していただいた後にはそのコツは自然と身についているだろう。そこでまず、0章では出発の前の準備運動としてエッセイをおいた。ジョークにあまり慣れていない人には、ぼくと学生たちとのジョーク体験を見てもらうことで、ジョークがねらうおかしさとはなにか、また、ジョークを通したものの見方とはどのようなものかをまずは感じてもらえれば、と思う。

本書の最大の狙いは、読者のみなさんが自由に笑い、楽しむことはもちろんだが、職場での会議や休憩のとき、学校での授業、一家団欒のとき、そしてときにはパーティー、居酒屋などで臨機応変に

使っていただくことにある。

　日本に住んでいても仕事の関係で英語を使う必要がある方々，また海外の出張先や勤務地で英語を使う必要がある方々にもジョークのネタ本として利用していただければ幸いである。

　ジョーク，笑いには不思議な力が宿っている。ほんのちょっとしたジョークで笑いが生まれ，それが契機になってビジネスや人間関係がスムーズになるということはよくあることである。どんなに困難な問題に直面しても，笑いで切り抜けられることだってあれば，逆境に耐えられることだってある。

　本書の体裁はジョーク集だが使い方によっては「人生の指南書」になりうると，ぼくは確信している。ジョークを武器にどうか心豊かな最高の人間関係を構築していただきたい。

　本書ができあがるまでには，じつに多くの人たちのお世話になった。まずは，ニューヨーク，シカゴ，サンフランシスコ，ロスアンゼルスのパブで，それこそ多種多様なジョークを教えてくれた人たちに感謝したい。とくに，ロンドンのパブの飲み仲間は，大げさな身振り手振りつきで多くのジョークを教えてくれた。飲み仲間＝ジョーク仲間をもつぼくは幸せである。

　同僚の James R. Bowers 氏は，ぼくにとってはジョークをとばす格好の相手である。彼はいつも無理をしてでも（？）笑ってくれるのだ。同じく同僚の石黒太郎氏には原稿を詳細に見ていただき多くの貴重なご教示を受けた。英文の校閲については，友人の Mark A. Valens 氏のお世話になった。3人のお方それぞれに心より感謝の意を表したい。

　末筆になってしまったが，2冊目のジョーク集の出版の機会を与えてくださった大修館書店編集第二部部長，飯塚利昭氏にはただただお礼のことばを述べたい。また，同編集部の板谷英昭氏には草稿

を厳密にチェックしていただいただけでなく，有益な指示や助言を数多く頂戴した。これほど有り難いことはない。心より感謝申し上げる次第である。

　本書には，数多くのジョーク，ウイット，駄洒落などが含まれている。内容に思わぬ思い違いや不備な点があるかもしれない。ご教示いただければ幸いである。

　　平成 19 年 2 月

　　　　　　　　　　　　　　　　　　　　　　　　　　　丸山孝男

本書の構成と使い方

1. 本書は0章と1〜20の章から成り立っています。0章はジョークの紹介というより，筆者がジョークをどのように使っているかをテーマとするエッセイとなっています。1〜20章はジョークをテーマ別・種類別に分けて様々なジョークを紹介しています。
2. ☞に続く文章では，直前のジョークの解説や補足説明をしています。
3. ジョークの日本語訳は，日本語のジョークとしても十分楽しめるよう，一部意訳してあります。また，ト書きにあたる部分を一部省略してあります。日本語に訳してもオチがわかりにくいような場合は訳をあげず☞での解説に代えたものもあります。
4. 各章の最後には，小コラム「ジョークのオチを考えてみよう。」を設けました。ジョークを英文のみで示してありますので，そのオチを考えてみてください。日本語訳と解説は214〜219ページに掲載しています。
5. 大コラム「ジョークについてもっと知りたい」が多くの章の後にちりばめられています。

目　次

まえがき　　*iii*
本書の構成と使い方　　*vii*

- **0**　ジョークをこんなふうに使っています。　　*2*
- **1**　先生と生徒の爆笑問答　　*14*
- **2**　早く来い来い英語の時間　　*27*
- **3**　ことば遊びを楽しもう　　*37*
- **4**　ひと口ジョーク（1）　　*49*
- **5**　性教育は聖ならず　　*59*
- **6**　子育ての夢と現実　　*66*
- **7**　母の心，子知らず，子の心，母知らず　　*74*
- **8**　父の心，子知らず，子の心，父知らず　　*86*
- **9**　ひと口ジョーク（2）　　*96*
- **10**　ノック・ノック・ジョーク　　*106*
- **11**　ウェイター，ウェイター・ジョーク　　*114*
- **12**　料理する人食べる人　　*123*
- **13**　良い知らせ・悪い知らせ　　*133*
- **14**　お笑いサイン物語　　*143*
- **15**　ひと口ジョーク（3）　　*153*
- **16**　陽気な生き物たちの世界　　*166*
- **17**　ゾウさんは，お鼻が長いのね　　*181*

18 ひと口ジョーク（4） *187*
19 政治リーダーとユーモア *198*
20 日本人，ジョークになる *206*

コラム「ジョークについてもっと知りたい」
 定型ジョーク（1） *26*
 早口ことばに挑戦してみよう！ *48*
 スピーチは出だしが肝心 *58*
 ニューヨーク大学の落書 *65*
 世界一バカバカしい法律 *73*
 『少年倶楽部』の笑い話を読む *85*
 あるクリスマスの風景 *95*
 「日本笑い学会」とユーモア学 *105*
 定型ジョーク（2） *122*
 ロンドンのレストランで *132*
 定型ジョーク（3） *141*
 世界一バカバカしいサイン *152*
 おおいなるユーモア感覚の違い！ *165*
 おイヌさまさま *179*
 動物園あれこれ *186*
 外交官はカメレオンになれ *197*
 吉田茂のユーモア感覚 *205*

「ジョークのオチを考えてみよう。」日本語訳と解説 *214*

ジョークを
こんなふうに
使っています。

Laughter is the shortest distance between two people.
                                                Victor Borge

笑いはふたりの間の距離をもっとも短くする。

0
ジョークをこんなふうに使っています。

　まずこの章では，ぼくが英語教師としてジョークをどのように「使って」いるか紹介させていただこう。20年程前から英語のジョークを授業に取り入れるようになった。最初の頃はニューヨークに住んでいたときに覚えたものをときおり板書する，思い出したときにのみ，短いジョークを紹介する程度だった。学生の受けがいいので，その後ジョークの数を徐々に増やしていくことになる。

　これらは，どのような授業であれ，授業の合間にやっていたのである。だから，毎回，必ずジョークを紹介するということではなかった。ましてや，多種多様なジョークを系統だてて取り入れるということでもなかった。ジョークを板書するという行為が思い付き以外のなにものでもなかったのである。

　ところが5年前に，ぼくにとって一大転機がおとずれた。ジョークの本『英語 ジョークの教科書』を刊行する機会を得たのである。

ジョークのシャワーを浴びて

　ぼくは学生にこの本を読んでもらい，また感想文を書いてもらった。すると，中学，高校の授業をとおして，英語の時間にほとんどジョークを習ったことがないという学生があまりにも多いことに驚かされた。

そういう学生たちが，一挙に 600 もの英語のジョークの世界を体験することになる。いわば，ジョークという名のシャワーを浴びるのである。

　それから毎年感想文を読ませてもらってわかるのは，ジョークを瞬時に理解するには機知，想像力が必要だが，学生たちはシャワーのおかげで急速にジョークに慣れてくることだ。

　学生たちは，日本人と英語圏の人とのあいだでは，ジョークの対象がまったく違うことを認識する。これは無理もない話だ。なにしろ，英語圏の人たちは死，葬式，病気，王室など，日本ではジョークの対象になり得ないことまでもジョークにしてしまうからだ。

　ジョークを理解するには，その国の歴史，文化，慣習などの理解が必要なことも学生たちは認識する。と同時に，ある文化圏に属する人たちにとってはあたりまえのことが，他の文化圏に属する人たちにとってはあたりまえではないことも認識する。

　たとえば，配管工にまつわるジョークだ。

● I think my two young sons are going to be plumbers when they grow up——they never come when they're called.
うちの 2 人の息子たちは，大きくなったら配管工にでもなるのだろう。呼んでも，来たためしがないからだ。

　ぼくはたまたま，ニューヨークに 4 年，ロンドンに 1 年住んでいたので，このジョークのおかしさが身に染みてよくわかる。配管工と連絡をとっても，3 度に 1 度来ればいいほうだったからだ。日本ではまったく考えられないことなので，この種のジョークは学生にとっては理解しがたい。

　ロンドンの地下鉄にまつわるジョークも学生たちにとってはピン

と来ない。日本の地下鉄は時間が正確だからだ。

- How many London underground train staff does it take to change a light bulb?
  Two. One to change the bulb and one to apologize for the delay.
  「電球を取り替えるのに，何人のロンドンの地下鉄の職員が必要か？」
  「2人。1人が電球を取り替え，もう1人が，そのため電車が遅れていることを謝罪する」

　まず，学生たちは「電球交換ジョーク」に新鮮な驚きを覚える。実は，ぼくもこの種のジョークに出会ったとき，ここまで言うかと，心のなかで叫んでしまったのだ。

　ぼくは毎年，ジョークを仕入れにロンドンに行くが，ヒースロー空港からピカデリー・ラインで都心に向かう途中，電車が遅れているお詫びのアナウンスを聞かなかったことは1度もない。お詫びを聞くことで，ロンドンに来たことを実感するくらいだ。だから，このジョークのおかしさもわかりすぎるほどよくわかる。

　数年前のこと，初めてロンドンから東京にやってきたイギリス人に，「東京とロンドンのいちばんの違いは何ですか」と聞いてみたところ，なんと「東京では電車が正確に来る」という答えが返ってきたのである。それも，彼の答えはジョークではなく真面目で率直な感想だったのである！

　学生にとって日本語の訳をなんど読んでもオチがわからないものもある。

- Doctor: Do you know one of the most important words that

a nurse ought to learn early and use regularly?
Nurse:　No!
Doctor:　That's right.
「あなたは，看護師となってすぐに覚え，しょっちゅう使わなくてはいけなくなる最も重要なことばを知ってますか？」
「いいえ！」
「そのことばが正解です」

　このジョークのオチについて先の本では，「じっくり考えてみよう」と記しているが，ぼくはいまだにオチの勘所を言っておらず，じっくり考えることを学生たちに要求し続けている！
　若者の政治離れが叫ばれるようになってから久しいが，学生たちはジョークの対象としての政治，政治家には興味があるようだ。こと政治家に関するジョークは辛辣であればあるほど好まれる傾向がある。

● Why are politicians like diapers?
Both should be changed regularly for the same reason.
「どうして政治家は，オムツに似ているのかな？」
「両方とも，定期的に同じ理由で取り替えるべきだからです」

　実はこのジョーク，学生たちには圧倒的な支持を得ているのである。汚職にまみれる政治家は，やはり，「取り替えるべき」だと言うのである。
　ジョークは「笑い」を武器に物事の本質をずばっとつくことが多い。だからこそ，古今東西，政治家はジョークの対象にされることを極端に嫌う。

これとは逆の，政治家によるジョーク，特にレーガン (Ronald Wilson Reagan [1911-2004]) 大統領によるジョークも学生には人気が高い。

- I have orders to be awakened at any time in the case of a national emergency, even if I'm in a cabinet meeting.
  私は，たとえ閣僚会議の最中でさえも，国家の危機に備えていつも目を覚ましているようにと命令されている。

　このレーガンならではのジョークをとおして，学生たちは日本とアメリカのマスコミ，国民性の違いに注目する。つまり，こういうジョークを受け入れるアメリカ国民の心の余裕，ユーモア感覚に感心するのである。この種のジョークを受け入れる土壌が，日本にはないことを指摘する学生が何人もいた。
　意外にも夫婦にまつわるジョークが好きだという学生が結構いる。ジョークによって好奇心が刺激されるのであろうか。
　妻 (Wife) と夫 (Husband) との会話である。

- Wife:　　　You forgot my birthday!
  Husband: Oh, my God!
  Wife:　　　You forgot it last year too. Why?
  Husband: How do you expect me to remember your birthday when you never look any older?
  「あなた，私の誕生日忘れたわね！」
  「ああ，そうだったか！」
  「去年も，忘れたのよ。なぜなの？」
  「おまえの歳がひとつ増えたようにはとても見えないんだ。だから，誕生

日なんか思い出せるわけがないじゃないか」

このジョークでは，ほとんどの学生が夫のウイットに富んだうまい返答に感心したようだ。

ジョークはタイミングがすべて

さて，いまどきの学生でケイタイを持っていない学生はいないであろう。授業中にケイタイが鳴ったときには，ぼくはすかさず声をはりあげながら次のジョークを大きな字で板書する。

- What's the difference between the school bell and a cellphone?
  One rings between lessons, the other rings during them.
  「学校のチャイムと携帯電話との違いはなにか？」
  「チャイムは授業の合間に鳴り，携帯は授業中に鳴る」

学生たちは苦笑する。下手に注意するよりもこのほうが効果があるようだ。

日本の弱腰外交がなにかとマスメディアで取り上げられているときには，まず，アメリカの作家，アンブローズ・ビアス（Ambrose Bierce [1842-1914?]）の外交の定義，the patriotic art of lying for one's country（祖国のためにウソを言う愛国的な技術）を紹介し，さらにイギリスの詩人，ヘンリー・ウオットン（Henry Wotton [1568-1639]）の名言，An ambassador is an honest man sent to lie abroad for the good of his country.（大使というのは，自国の利益のためにウソをつくように外国に派

遣される正直な人のことである）も付け加えることにしている。

　イラク戦争にからんで，ブッシュ大統領がおかしなことを言ったときには，

- What's the difference between President Bush and a tub of yogurt?

  A tub of yogurt has culture.

  「ブッシュ大統領とヨーグルトの違いはなにか？」
  「ヨーグルトには教養（培養菌）がある」

を紹介する。ただし，このジョークについては詳しく解説しないと学生にはオチがわからない。

　過日，学生といっしょに『ミセス・ダウト』（*Mrs. Doubtfire*）を見た。これは全世界でヒットした笑いと感動にあふれた，アメリカのコメディ映画だ。

　次のジョークの場面で，学生たちはどっと笑った。ダウトファイアー夫人（Mrs. Doubtfire）とミランダ（Miranda）とのやりとりである。

- Doubtfire: It was a drink that killed him.

  Miranda:　How awful! He was an alcoholic?

  Doubtfire: No. He was hit by a Guinness truck. So it was quite literally the drink that killed him.

  「主人はお酒がもとで死にましたの」
  「まあひどい。ご主人はアルコール中毒でしたの？」
  「いいえ，ギネスビールのトラックにはねられたんです。つまり，文字どおりお酒に命を取られたってわけ」

それもそのはず，学生たちはすでにこんなジョークを読んでいるからだ。状況は違っても，オチは同じだからである。

- Carol: I'm against liquor. It was the cause of my father's death.
  Kate: Drank too much, did he?
  Carol: No. A case of whisky fell on his head.
  「私は，お酒には反対だわ。父はお酒がもとで死にましたの」
  「あなたのお父さん，そんなにお酒を飲んだの？」
  「いいえ，ウィスキーの箱が父の頭に当たって死んだのよ」

なかには、「人間なんて単純だ。人間はみんなお金が好きで、エゴイストで浮気もする。こういう人間の本質までジョークを読むと見えてくる気がする」と、感想を書いてくる学生もいる。そういう学生には、「たかがジョーク、されどジョーク」と言ってやることにしている。

ジョークは人を変える

かれこれ10年前になるだろうか。ぼくはある異変に気づいた。緊張感のある授業ができないのである。学生とのコミュニケーションもうまくいかない。ときおりジョークを取り入れた程度では、90分という時間は学生には耐えられず、ほとんどの学生がついてこない。沈黙と倦怠感が教室全体を支配してしまう。

これらの悩みは、なにもぼくだけでなく、多くの英語教師が抱えている共通の悩みであるようだ。

この状況を打開すべく考えたのが、ユーモア、ジョーク、ウイットなどを授業に以前にも増して積極的に導入することだった。そうして以来、クラスの雰囲気に変化が表れた。講読であれ、リスニングであれ、学生が積極的に取り組むようになった。ジョークによる笑いがもとで緊張がほぐれ、ぼくのことばに熱心に耳を傾けてくれるようになった。

たしかに、ジョークによっては、愉快で知的な驚きが含まれている。常識を超越した予期せぬ結末、つまり、意外性もジョークにはつきものだ。これらのことが契機になって、学生たちの知的好奇心が刺激されているのではあるまいか。

なかには、「多種多様な英語のジョークの世界を知って、英語の勉強にはずみがついた」とか、「コミュニケーションの潤滑油とし

てのジョークの威力を再認識した」とか,「将来,アメリカに留学し,本場で英語のジョークを身につけ,それを使ってみたい」と書いてくる積極的な学生もいる。ぼくにとって,これほど嬉しい「学生の声」はない。

　ぼくはたまたま英語教師で英語ジョークの豊かな世界を知ることができたが,かといってこれから紹介する数々のジョークが内にもつ「感覚」はもちろん日本語でも表すことができるし,教室という場所にもとらわれずに発揮できる。時と場所を選ばず(少しは選んでください……)さらに豊かにすることも。では,次章から皆さんにもジョークのシャワーをたっぷり浴びていただこう！

ジョークのオチを考えてみよう。　中級

Tailor:　　Your suit will be ready in six weeks, sir.
Customer: Six weeks! But God created the whole world in only six days!
Tailor:　　Quite true, sir. But look at the state the world is in.

(解説は214ページにあります。)

ジョーク。
ジョーク？
ジョーク！

Wit is the salt of conversation, not the food.
William Hazlitt

ウィットは会話に刺激を与えるが，食べ物ではない。

1
先生と生徒の爆笑問答

Ha Ha Ha
ハハハ

　いっとき日本の学校教育は欧米諸国の学校教育のモデルにもなった。先生の強い責任感，規律正しい生徒たち。ところが，またたくまに学校の現場は荒れに荒れている。絶えることのないいじめ，増えつづける不登校の生徒たち。そして，休職に追いやられている多くの先生たち。

　文部科学省主導の「ゆとり教育」も無残な形で失敗に終わった。いったい，日本の学校教育はどこにいくのであろうか。決定的な処方箋が見つからないまま，学校教育は漂流を続けるのであろうか。

　しかし，ひょっとしたらユーモアが学校という現場を活性化するかもしれない。教育の現場に笑いの渦を！

【算数の時間】

● Teacher: Tom, if I gave you four rabbits today, and tomorrow gave you another three, how many would you have?
Tom:　　　Ten.
Teacher: How do you get ten?
Tom:　　　I've got three already at home.
「トム，今日先生が君に4匹のウサギをあげ，明日，3匹あげるとしたら全部で何匹になるのかな？」

「10匹です」
「どうして10匹になるんだい？」
「ぼくはすでに家で3匹飼っているんです」

☞ トム君，算数の時間で足し算の練習をしているんですよ。

● Teacher: John, if I put fifty-five ball bearings in my right pocket, forty-nine ball bearings in my left pocket, what would I have?
　John:　　Very heavy pants!
「ジョン，先生が右のポケットに55個のボールベアリング，左のポケットに49個のボールベアリングを入れたとしたら，いくつになるかな？」
「先生のズボンはとても重くなります」

● Teacher: If you have five apples and I ask you to give me two, how many will you have left?
　Jack:　　Five!
「君が5個のリンゴをもっていて，先生が2つくれと言ったとしたら，あと何個残っていることになるかな？」
「5個です」

☞ ジャックはケチだから，たとえ5個のリンゴをもっていたとしても先生には絶対にあげないのですね！

● Teacher: If I lay seven eggs today and five eggs tomorrow, how many eggs will I have all together?
　Helen:　　To tell you the truth, sir——I don't believe you can

do it!

「今日,先生が7個の卵を産み,明日,5個の卵を産んだとしたら全部でいくつ産んだことになるかな?」

「先生,本当のことを言います。先生が卵を産めるとは信じられません」

☞ たしかに,ヘレンは「本当のこと」を言ってます。

- Teacher: If I have six chips in one hand, and eight in the other, what do I have?
  Alec: Greasy palms.

「先生が片方の手に6個のポテトフライ,もう片方の手に8個のポテトフライをもっていたとしたら,いくつになるかな?」

「先生の手のひらが油だらけになります」

以上見てきたように,この種のジョークのオチの構造はどれも同じ。生徒は先生の質問にまともに答えず,はぐらかして突拍子もない答えを言う。どれもが,生徒の答えがオチになっている。

【数学の時間】

算数の次にはレベルをあげて,数学にまつわる宿題のジョークも紹介しよう。

- Teacher: Ted, your math homework was totally wrong.
  Ted: Don't let my Dad hear what you said! He says his best subject in school was math.

「テッド,君の数学の宿題は全部間違っていたな」

「先生，いまのお話，ぼくの父には言わないで下さい。父は学校では，数学がいちばん得意な科目だったと言っていましたから」

☞ 数学の宿題を父にやってもらって，それが全部間違っていたということ。math は mathematics の省略形。

● Kate:　　　Would you punish me for something I didn't do?
　Teacher: Of course not.
　Kate:　　　Good, because I didn't do my math homework.
　「先生は，私がやっていないことに対して罰を与えますか？」
　「もちろん，そんなことはしないよ」
　「ああ，よかった。実は数学の宿題をやってこなかったのです」

☞ これは宿題にまつわるジョークの古典です。それにしても，ケイトのことばの使い方が巧みです。

【道徳を学ぶ】

● Teacher: Jack, do you use bad words?
　Jack:　　 No, sir.
　Teacher: Do you disobey your parents?
　Jack:　　 No, sir.
　Teacher: Come now, you must do something wrong every once in a while.
　Jack:　　 I tell lies.
　「ジャック，君は乱暴なことばを使うかな？」
　「いいえ，使いません」

「親に反抗したりするかな?」
「いいえ,しません」
「なあ,ジャック,君だってたまにはなにか間違ったことをすることだってあるだろう」
「ウソをつくことです」

☞ ジャックは先生の質問に,全部ウソを言って答えていたということになりますね。

　一生懸命に働くアリは勤勉の象徴である。それを例に出して,先生は勤勉,蓄えの大切さを訴えている。

- Teacher: Let us learn from the example of the busy ant. He works all the time, night and day. Then what happens?
  Edward: He gets stepped on.

「忙しく働くアリの例から学ぼう。アリは昼でも夜でも,一日中よく働く。すると,その後どうなるのかな?」
「踏まれて死にます」

☞ 『イソップ物語』の「アリとキリギリス」は,道徳教育の教材としてよく引き合いに出される。

- Teacher: John, tell me one of the most useful animals in the world.
  John: I'd pick the chicken because you can eat them before they're born and after they're dead.

「ジョン，この世でいちばん役に立つ動物をひとつあげてごらん」
「ぼくは，ニワトリだと思います。ニワトリは生まれる前にも，死んだ後にも食べられるからです」

☞ ニワトリは生まれる前，つまり卵として，後は鶏肉として食べられるというその発想がすごいですね。でも本当ですよね！

【地理の時間】

- Teacher: Jack, show me America on the map.
  Jack: There, Miss.
  Teacher: That's right. Now, Tom, who discovered America?
  Tom: Jack did.

  「ジャック，この地図でアメリカを当ててごらん」
  「先生，そこです」
  「その通り。それではトム，だれがアメリカを発見したのかな？」
  「ジャックが発見しました」

☞ これは学校ジョークの古典。トムはクラスの人気者でしょう！

- Teacher: Bob, why didn't you do your geography homework?
  Bob: My mother said I shouldn't do anything until I clean up my room.

  「ボブ，どうして地理の宿題をやってこなかったのかな？」
  「お母さんに，自分の部屋を掃除するまではなにもしてはいけないと言わ

れたんです」

☞ ボブ君，お母さんの「なにもしてはいけない」ということばに宿題も含まれていたのかな。

【歴史の時間】

● Teacher: Robert, when did Columbus discover America?
Robert:　On Columbus Day!
「ロバート，コロンブスはいつアメリカを発見したのかな？」
「コロンブス記念日です」

☞ この調子だと，ロバートはいかなる質問にも答えられそうですね。アメリカの多くの州では，10月の第2月曜日がその日に当たり，Discovery Day ともいいます。

● Teacher: Jim, what did Julius Caesar say when Brutus stabbed him?
Jim:　　　Ouch!
「ジム，ブルータスに刺されたとき，ジュリアス・シーザーはなんと言ったかな？」
「痛っ！」

☞ 本当は「ブルータス，お前もか？」と言ったのです。これはシェイクスピアの『ジュリアス・シーザー』に出てくるセリフで，最も有名なセリフです。実はこの部分，シェイクスピアはラテン語で，"Et tu, Brute?" と書いているのです。英語にすれば，

"And you, Brutus?" になります。

【物理の時間】

「物理」と聞いただけで，いちばんむずかしい科目だと思ってしまう人が多くいることだろう。しかし，ジョークの世界では楽しい科目に早変わりするのだ。

- Teacher: Matt, what is the unit of electric power?
  Matt:　　What?
  Teacher: Correct. Very good.
  Matt:　　Huh???
  「マット，電力の単位はなにかな？」
  「ワット（なんですって）？」
  「そのとおり。とてもよくできたね」
  「えっ？？？」

  ☞ 電力の単位は watt です。what と同じ音でしゃれとなります。

- Teacher: Karen, what's the difference between lightning and electricity?
  Karen:　　You don't have to pay for lightning.
  「カレン，稲妻と電気の違いはなにかな？」
  「稲妻には，お金を支払う必要がありません」

  ☞ これだけ経済観念がしっかりしているのは親ゆずり？または親がだらしないため？

【化学の時間】

● Teacher: Mary, what's the most important lesson you have learned in chemistry class?
　Mary:　　Never lick the spoon.
　「メアリー，化学の授業で学んだなかでいちばん重要なことはなにかな？」
　「決してスプーンをなめてはいけないということです」

☞ スプーンに付着している化学薬品によっては，死にいたりますからね!?

● Teacher: Jack, give me the name of a liquid that doesn't freeze.
　Jack:　　Hot water, sir.
　「ジャック，凍らない液体の名前をあげてごらん」
　「お湯です，先生」

☞ これは，だれもが知っている化学の時間にまつわるジョークです。たしかに，お湯も液体です！

【生物の時間】

　生徒の理科離れが年々すすんでいるという。好奇心をもてないのであろうか。しかし，こんな先生だったら生徒の関心を呼ぶにちがいない！

● Teacher: Kate, what pet do you think makes the loudest

noise?
Kate: A parrot or a big dog.
Teacher: It's a trumpet.

「ケイト，もっとも大きな音をたてるペットはなにかな？」
「オウムか大きなイヌだと思います」
「トランペットだよ」

　そして，ジャックのような愉快な生徒も教室の雰囲気をもりたてるにちがいない！

- Teacher: Jack, name five things that contain milk.
  Jack: Butter, cheese, ice cream, and uh... two cows.

  「ジャック，牛乳が含まれているものを5つあげてごらん」
  「バター，チーズ，アイスクリーム，えーと，それから2頭の牛です」

【番外編】

　試験にはカンニングがつきものだと言ったら言い過ぎだろうか。カンニングの手段となるとメモを隠し持つのは序の口で，なかには手のひらや腕に書き込みをするものもいる。マークはそんなことはしなかったが，あまりにも正直（？）すぎた。

- Teacher: Mark, you copied from Tom's paper, didn't you?
  Mark: How did you find out?
  Teacher: Tom's paper says, "I don't know," and yours says, "Neither do I."

  「マーク，君はトムの答案を書き写したんじゃないかな？」

「先生，どうしてわかったんですか？」
「トムの答案には『ぼくはわかりません』と書いてあり，君の答案には『ぼくもわかりません』と書いてあるからだよ」

　先生は生徒の家庭環境も知っておきたい。

- Teacher: John, what does your father do?
  John:　　Whatever my mother tells him to.
  「ジョン，君のお父さんはなにをやっているのかな？」
  「母に言いつけられたことはなんでもします」

☞ ジョンの家は典型的な「かかあ天下」の家庭なのでしょう。先生はお父さんの職業を聞いているのにね。

　人間だれだってうっかり口をすべらせてしまうことだってある。

生徒どうしの会話にこんなものもある！

- Boy: Isn't our principal stupid?
  Girl: Hey, do you know who I am?
  Boy: No, why should I?
  Girl: I'm the principal's daughter.
  Boy: Do you know who I am?
  Girl: No.
  Boy: Thank goodness!

  「ぼくたちの校長先生バカだと思わないかい？」
  「ねぇ，私がだれか知っているの？」
  「そんなこと知るもんか」
  「私は，校長の娘なのよ」
  「ぼくがだれか知ってるかい？」
  「知らないわ」
  「ああ，よかった！」

ジョークのオチを考えてみよう。 中級

Teacher: Mike, do you understand how important punctuation is?
Mike: Yes, I do. That's why I always arrive at school on time.

（解説は214ページにあります。）

定型ジョーク（1）

「AとBの違いはなにか？」（What's the difference between A and B?）で始まるジョークは，最も普及している定型ジョークのひとつである。この質問に対する答えがそのままオチとなる。

このジョークは子供，大人を問わず広く使われている。また，この形式を使えば政治，経済，日常生活にまつわるありとあらゆることをジョークの対象にすることができる。つまり，だれでも作れるジョークなのである。

たとえば，内政問題，外交問題について，なんら決断力のない日本の政治家をヤリ玉にあげてみよう。

What's the difference between a Japanese politician and a shopping trolley?
Sometimes a shopping trolley has mind of its own.
「日本の政治家とショッピング・カートの違いはなにか？」
「ときとして，ショッピング・カートには独自の考えがある」

たしかに，ショッピング・カートは，押していても意図する方向に思うように進まないことがある。そのことを「独自の考え」と捉えるのである。他方の政治家については直接言わず，暗示にとどめるところがジョークの妙味だ。

政治家をあえてショッピング・カートと比較し，ショッピング・カートですら独自の考えがあることを強調することによって，交渉相手のペースにはまり，自主性に欠ける政治家を痛烈に批判するのである。

2
早く来い来い英語の時間

　英語と日本語で似ている点があると言ったら，読者の皆さんは不思議に思うだろうか。それは，英語にも日本語にもさまざまな外来語が入っているということである。英語も日本語も外来語を受け入れるという点ではとても寛大なのだ。

　そのため，たとえばフランス語と比較して，英語の発音，スペリングには不規則な例が多くあるのだ。

【スペリング（綴り字）練習の時間】

● Teacher: Mike, spell "horse."
　Mike:　　H, O, R, S.
　Teacher: What comes at the end?
　Mike:　　Its tail, Miss.
　「マイク，ホース（馬）のつづりを言いなさい」
　「H, O, R, S.」
　「最後にくるものはなにかな？」
　「(馬の) しっぽです，先生」

☞　馬のいちばんうしろには，たしかに「しっぽ」がありますからね。それにしても「うま」い答えですね。

- Teacher: Cathy, how do you spell "banana"?
  Cathy: I'm not sure.
  Teacher: It's easy: "B, a...
  Cathy: I know how to start, I just don't know when to stop.

  「キャシー，バナナはどうつづるのかな？」
  「自信がありません」
  「簡単だよ。ほら，B, a...」
  「出だしはわかりますが，どこでやめていいのかわからないのです」

  ☞ キャシーの頭のなかでは，Banananananana... が連想され，どこで切ってよいのかわからなかったんでしょうね。

- Daniel: How do you spell ichelangelo, Miss?
  Teacher: Don't you mean Michelangelo?

Daniel: No, Miss, I've written the "M" already.

「先生，アイケランジェロってどう書くんですか？」
「ミケランジェロのことじゃないのかな？」
「先生，ちがいます。"M" はもう書いたんです」

☞ Michelangelo はルネサンス期のイタリアの彫刻家・画家・建築家・詩人。このジョーク，シェイクスピア（Shakespeare），アリストテレス（Aristotle），アインシュタイン（Einstein）など著名な人の名を入れ替えて応用できますね。

● Teacher: Sam, how do you spell "puma"?
  Sam: P, O, O, M, A.
  Teacher: The dictionary spells it P, U, M, A.
  Sam: You didn't ask me how the dictionary spells it; you asked me how I spell it.

「サム，ピューマってどうつづるのかな？」
「POOMA です」
「辞典では PUMA になっているぞ」
「先生は辞典ではなく，ぼくがどう書くかと聞いたじゃありませんか」

☞ ジョークですから，サム君をへりくつを言う生徒とは思わないで下さい。

● Teacher: Bart, how do you spell "amphibian"?
  Bart: I wouldn't, miss, I would spell "frog".

「バート，アンフィビアン（amphibian）のつづりを言えるかな？」
「いいえ，先生，ぼくは "frog" とつづります」

☞ amphibian は「両生動物」という意味で，frog（カエル）は両生動物ですからね。

- Bruce:　　Miss, I'm having a lot of trouble with eczema.
  Teacher: Where do you have it?
  Bruce:　　I don't have it, I just can't spell it.
  「先生，ぼくは湿疹（しっしん）で大変なんです」
  「どこに湿疹ができたのかな？」
  「湿疹はありませんが，湿疹（eczema）と書けないんです」

☞ eczema は医学用語。

【シェイクスピアを学ぶ】

- Teacher: If Shakespeare were alive today, he'd be a remarkable man.
  Pat:　　　He certainly would. He'd be more than 400 years old.
  「もし，シェイクスピアが今日まで生きていたとしても，偉大な人物にちがいないだろう」
  「たしかにそうだろうと思います。彼は 400 歳を越えているでしょうから」

☞ シェイクスピア（William Shakespeare [1564-1616]）はイギリス，いや世界が生んだ最高の劇作家・詩人。

- Teacher: Today, we'll read Shakespeare's *Hamlet*.
  Class:　　But sir, our class already finished reading *Hamlet*.

Teacher: Oh. Is this room 2B, or not 2B?
「今日は，シェイクスピアの『ハムレット』を読みますよ」
「先生，このクラスでは『ハムレット』はもう読みました」
「ああそうか。この教室は 2B，いや 2B じゃなかったかな？」

☞ シェイクスピアの四大悲劇のひとつ『ハムレット』の第 3 幕第 1 場でのセリフ，"To be, or not to be, that is the question"（生きるか，死ぬか，それが問題だ）をもじったもの。

【文法の時間】

● Teacher: Emily, give me a sentence beginning with "I".
Emily:　I is...
Teacher: No, you should always say "I am..."
Emily:　I am the ninth letter of the alphabet.
「エミリー，"I" で始まる文をつくってごらん」
「I is...」
「だめだめ，つねに "I am" と言うんだよ」
「アイ（I）は，アルファベットの 9 番目の文字です」

☞ I を「私」の意味ではなく，アルファベット記号そのものの I ととらえたエミリーにしてやられました。ちなみに，これはまさに古典的ともいえる歴史の古いジョークです。

● Teacher: Kent, why is it incorrect to use the word "ain't"?
Kent:　　Because it ain't correct.
「ケント，"ain't" という表現を使うのはどうして間違っているのかな？」

「正しくねえからです」

☞ この種のジョークは日本語に訳してもおかしさが伝わりません。英語を声に出すとオチがはっきりします。"ain't" は，am not, is not, are not, has not, have not などの短縮形です。非標準的な用法とみなされていますが，実際には映画，小説，日常の話しことばで多用されています。ケントが is not ではなく，ain't を使って答えたところが笑いを誘います。

● Teacher: Please add any needed punctuation marks to the following sentence: Mary was swimming but suddenly lost her swimsuit.
Jack: I'd make a dash after Mary.
「『メアリーは泳いでいるときに急に水着が脱げてしまった』という文に，必要な句読点を入れなさい」

☞ これは二重に解釈できることを利用したジョーク。つまり，「メアリーの後を急いで追う（dash）」と「メアリーの後にダッシュ（dash：記号―）をつける」の意味をもたせているところがオチなのです。メアリーの水着が脱げたので，ジャックは「急いで追う」のです。ちなみに，句読法に関しては『パンクなパンダのパンクチュエーション』（リン・トラス著，今井邦彦訳，大修館書店）を紹介しておきます。実はこれはユーモアの本で，笑い楽しみながら英語の句読法を身につけることができるのです。

【単語の時間】

- Teacher: Tom, how many letters are there in the alphabet?
  Tom: Eight.
  Teacher: Eight?
  Tom: Yes, A, L, P, H, A, B, E, T.
  「トム、アルファベットには何文字あるかな？」
  「8文字です」
  「8文字だって？」
  「はい、A, L, P, H, A, B, E, Tです」

  ☞ トム君，アルファベットは26文字です！アルファベットということばは，最初の2文字のギリシア語読み（アルファとベータ）から来ています。

- Teacher: Fred, what's the difference between ignorance and apathy?
  Fred: I don't know and I don't care.
  「フレッド、ignorance（無知）とapathy（無関心）の違いはなにかな？」
  「ぼくは知らないし、関心がありません」

  ☞ フレッドは2つの単語の意味は知らないが，答え方が無知，無関心ですよね。

- Don't be afraid of four-letter words to be used with your kids, such as duty, love, work, and care.
  子どもに4文字語を使うことを恐れてはいけない。duty（義務），love

（愛），work（勉強），care（世話）のように。

☞ 英語の four-letter word は「4文字からなる卑猥な語」という意味です。たとえば，fuck, shit, crap など。前半でドキッとさせておいて，後半で逆転させているところがおもしろいですね。

【まだまだ続く英語の時間】

英語の宿題にまつわるジョークも見逃すわけにはいかない。宿題もジョークの格好の対象になっているのだ。

- Teacher: This is the worst English homework you've ever done, Jane.
  Jane: Miss, you can't even trust your parents.
  「ねえ，ジェーン，あなたの今回の英語の宿題は，最悪の出来ねえ」
  「先生，両親といえども絶対に信用してはいけませんね」

☞ ジェーンは英語の宿題を親にやってもらったのですね。

最後に，ことば遊びのこんななぞなぞはどうだろうか。

- What's a teacher's favorite country?
  Expla-nation.
  「先生の好きな国はどこかな？」
  「エクスプラ・ネイション」

☞ 先生の仕事とはいろいろと説明（explanation）することであ

り，nation は「国」という意味ですからね。

このなぞなぞにヒントを得て，

● What's a phonetician's favorite country?
　Into-nation.
　「音声学者の好きな国はどこかな？」
　「イント・ネイション」

をつくってみたが，いかがだろうか。nation のつく単語を探して，もっともっとこの種のなぞなぞが作れそうだ。すぐに思いつくものでも，donation, examination などがある。

【先生，質問があります！】

　中学で初めて英語を習ったとき，「ハサミ」は a pair of scissors, 「メガネ」は複数形で glasses, spectacles, さらに「ズボン」もつねに複数形で trousers, pants などと表現すると習って，日本語との違いにおおいに困惑した記憶がある。
　次にあげる4つのジョーク，真面目に考えるとたしかに不思議だ……。

［質問　1］
● Miss, why is "brassiere" singular and "panties" plural?
　先生，どうしてブラジャーが単数形で，パンティーが複数形なのですか？

［質問　2］

- Why is "abbreviation" such a long word?
  略語（abbreviation）という単語は，どうして，これほど長いのですか？

  ☞ たしかに，abbreviation という単語自体が長いですよね。12文字ですからね。

[質問 3]
- What's another word for "thesaurus"?
  類義語辞典の類義語はなんですか？

[質問 4]
- Why is it called a building when it has already been built?
  すでに建設が完了しているのに，どうして，ビルディング（building）というのですか？

  ☞ ジョーク流に解釈すれば，この生徒は進行形について勉強をしすぎたのでしょうね。それで「進行形恐怖症」にかかっているのでしょう！

ジョークのオチを考えてみよう。 中級

Teacher: How old would a person be who was born in 1945?
Diana:　　Er... man or woman?

（解説は214ページにあります。）

3
ことば遊びを楽しもう

Giggle
クスクス

　日本語がそうであるように，英語にも，なぞなぞ，だじゃれ，語呂合わせ，早口ことば，クロスワードなどさまざまなことば遊びがある。日本語の「なぞ」は，「何ぞ？」という問いかけのことばに由来すると言われている。

　日本でもヨーロッパでも「なぞなぞ」の歴史はとても古い。中世には，宮廷で貴族のことば遊びとして盛んに行われていた。古今東西，太古の昔から，人間はことば遊びを楽しむ，いや，楽しまずにはいられない動物なのである。

【なぜなの？】

- Why is a river rich?
  Because it has two banks.
  「なぜ川はお金持ちなのかな？」
  「バンクを2つもっているからさ」

  ☞ bank（銀行）と bank（土手）とのしゃれ。

- Why can't you play cards in the jungle?
  Because there are too many cheetahs.
  「なぜジャングルでは，カード遊びができないのかな？」

「とても多くのチーターがいるからさ」

☞ cheetah（チーター）と cheater（詐欺師）とのしゃれ。

- Why is a football stadium so cool?
  Because it's full of fans.
  「なぜサッカー場はこんなに涼しいのかな？」
  「とてもたくさんのファンのためさ」

  ☞ fan（[サッカー] ファン）と fan（扇風機）とのしゃれ。イギリスでは「サッカーの試合」というときは，a game of football, a football match などという。

- Why are fish so smart?
  Because they live in schools.
  「なぜ魚はとても頭がいいのかな？」
  「スクールで生きているからさ」

  ☞ school（学校）と school（群れ）とのしゃれ。ちなみに英語の smart には「体つきがすらりとした」という意味はない。

- Why is the letter G like the sun?
  Because it is the center of light.
  「なぜ G という文字は太陽のようなのかな？」
  「G は light（光）の真ん中にあるからさ」

  ☞ わからない方，もう1度 light のつづりを見てください。

- Why are Saturday and Sunday so strong?
  Because the rest are weekdays.
  「どうして土曜日と日曜日はすごく強いのかな?」
  「ほかはウイークデイだからさ」

  ☞ week（週）と weak（弱い）をかけている。

【どこに?, どこで?】

- Where do you take sick kangaroos?
  To the hop-ital.
  「病気のカンガルーをどこに連れて行くのかな?」
  「ホッピタルだよ」

  ☞ hospital（病院）に似せて, カンガルーは跳躍（hop）が得意であることから hop-ital という語をつくるのです。

- Where would you find a prehistoric cow?
  In a moo-seum.
  「有史以前の牛をどこで見つけるのかな?」
  「モージアムでだよ」

  ☞ 牛の鳴き声の moo（モー）と museum（博物館）とのしゃれ。

【なんなのかな?】

- What fish is famous?

A starfish.
「どの魚が有名なのかな？」
「スターフィッシュ（ヒトデ）」

☞有名＝スターということ。starfish（ヒトデ）をstarのfishと読んで。

　答えがヒトデ（starfish）になるものとして，こんななぞなぞもあります。

- Which fish has a twinkle in its eye?
  A starfish.
  「目がぴかぴか光っている魚はどの魚かな？」
  「スターフィッシュ」

- What is the widest rope in the world?
  Europe.
  「世界でいちばん幅広のロープはなにかな？」
  「ユーロープ」

☞rope（綱）とEurope（ヨーロッパ）とのしゃれ。

- What travels round the world yet stays in one corner?
  A postage stamp.
  「隅っこにいて，世界中を旅行してまわるものはなにかな？」
  「郵便切手」

3 ことば遊びを楽しもう　　　　　　　　　　　41

☞切手は郵便物の隅に貼ることから。

● What's a pig's favorite ballet?
　Swine Lake.
　「豚の好きなバレエはなにかな？」
　「スワイン・レイク」

　☞swine（豚）と swan（白鳥）とをかけている。*Swan Lake*
　　『白鳥の湖』は古典バレエの傑作。

● What goes up but never comes down?
　Your age.
　「上がるばかりで，決して下がらないものはなにかな？」
　「年齢」

　☞答えとして税金（tax），物価（prices）としたいところですが，これではなぞなぞになりませんからね。厳密に言えば，両方とも下がることもありますから。

● What do mice do in the daytime?
　Mousework.
　「マウス（ネズミ）は昼間なにをやるのかな？」
　「マウスワーク」

　☞housework（家事）とのしゃれ。mice は mouse の複数形。

● What do you call a fish with no eyes?

A fsh.
「アイ（目）のない魚をなんと呼ぶのかな？」
「A fsh.」

☞たしかに，"i" のない fish は fsh です！

これにヒントを得て，こんななぞなぞもつくれますね。

- What do you call a bird with no eyes?
  A brd.
  「アイ（目）のない小鳥をなんと呼ぶのかな？」
  「A brd.」

- What do you call a pig with three eyes?
  A piiig.
  「アイ（目）が3個ある豚をなんと呼ぶのかな？」
  「A piiig.」

とくに，イギリス人にはこんななぞなぞを言ってみよう。

- What fish are other fish afraid of?
  Jack the Kipper.
  「ほかの魚たちが恐れている魚とは，どの魚かな？」
  「ジャック・ザ・キッパー」

☞kipper は「薫製ニシン」の意で，「切り裂きジャック」（Jack the Ripper）にかけている。「切り裂きジャック」は，1888年,

ロンドンで多くの売春婦を殺害した犯人につけられた呼び名。ripper は「人切り」の意。犯人は捕まらず, 事件は迷宮入りとなった。

- What fruit is never lonely?
  A pear.
  「決してひとりぼっちではないフルーツはなにかな？」
  「ペア」

  ☞ pear (セイヨウナシ) と pair (1組) をかけている。

- What is a dog's favorite motorcycle?
  A Hounda.
  「イヌの好きなバイクはなにかな？」
  「ホウンダ」

  ☞ 日本のバイクメーカー, Honda とのしゃれ。hound は「猟犬」の意。

- What did the boy octopus say to the girl octopus?
  I want to hold your hand hand hand hand hand hand hand hand.
  「男の子のタコが, 女の子のタコになんと言ったかな？」
  「あなたの手, 手, 手, 手, 手, 手, 手, 手を握りたい」

  ☞ 英語ではタコの足は arm ということが多い。その8本の手すべてを握りたがっている。

- What does Tarzan sing at Christmas?
  Jungle Bells Jungle Bells.
  「ターザンはクリスマスになんの歌を歌うのかな？」
  「ジャングルベル，ジャングルベル」

  ☞ jingle bell（ジングルベル）をもじったもの。

- What do they call a man who steals ham?
  A hamburglar.
  「ハムを盗む人をなんと呼ぶのかな？」
  「ハンバーグラー」

  ☞ hamburger（ハンバーガー）と burglar（強盗）を合わせて語を造ったのです。

- What holds water yet is full of holes?
  A sponge.
  「穴がいっぱいあるのに，水をためておけるものはなあに？」
  「スポンジ」

- What's a lazy shoe called?
  A loafer.
  「なまけ者の靴はなんと呼ばれるのかな？」
  「ローファー」

  ☞ loafer には,「なまけ者」と，かかとの低いカジュアル・シューズ「ローファー」の意味がある。

【悲しいものはいつも○色】

- Which are the world's saddest trousers?
  Blue jeans.
  「世界でいちばん悲しいズボンはどのズボンかな？」
  「ブルー・ジーンズ」

- Which fruit is always sad?
  Blueberries.
  「いつも悲しいフルーツはどのフルーツかな？」
  「ブルーベリー」

　☞上の2つとも，blue（悲しい，憂鬱な）とのしゃれ。

【どんなものなのかな？】

- What kind of money do fishermen make?
  Net profits.
  「漁師はどんなお金を稼いでいるのかな？」
  「ネット・プロフィット」

　☞net profit（純益）のnetと「網」のnetとのしゃれ。

- What sort of shoes are made out of banana skins?
  Slippers.
  「バナナの皮からどんな靴ができるのかな？」
  「スリッパ」

☞バナナの皮はよく滑るので，slippery（滑りやすい）を連想させるため slippers としている。ちなみに，英語では，カタカナ語の「スリッパ」は，mules, scuffs などという。

● How does a sick sheep feel?
Baah-aahd.
「病気のヒツジはどんな気分なのかな？」
「バード（悪い）」

☞ baa（バー：羊の鳴き声）と bad（悪い）とのしゃれ。

ジョークのオチを考えてみよう。 中級

Tom: Where does your grandmother come from?
Joe: Alaska.
Tom: Don't bother — I'll ask her myself.

（解説は 215 ページにあります。）

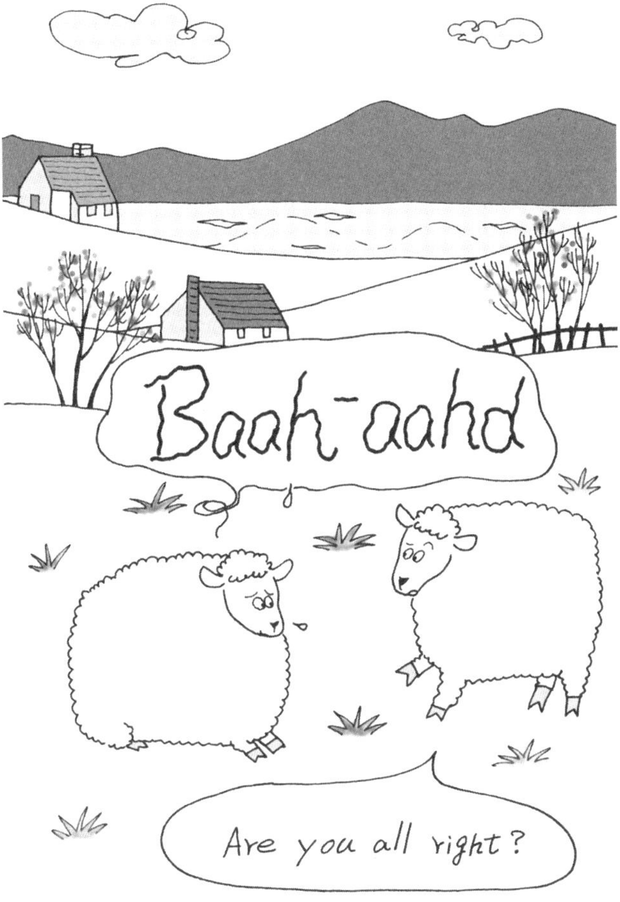
Baah-aahd
Are you all right?

早口ことばに挑戦してみよう！

英語では「早口ことば」のことを tongue twisters といいます。舌がもつれて言いにくいからです。早口ことばは英語の朗読やスピーチのための口・舌の良いトレーニングになります。同じものを最低3回は繰り返せるよう，何度も練習してみてください。

(1) Fran fans Fred frantically.
(2) Six shy snails sighed sadly.
(3) Aiken Bacon was baking bacon.
(4) Sheep shouldn't sleep in shacks.
(5) Betty Block blows big black bubbles.
(6) Cheryl saw Cher's sheer shawl Sunday.
(7) Little Linda Lamb licks her lovely lips.
(8) Each Easter Eddie eats eighty Easter Eggs.
(9) Giddy gophers greedily gobble gooey goodies.
(10) The playful purple parrot pecked the pink parrot's plume.
(11) Dew dripped the drink from the dipper, but he didn't drink a drop.

舌が慣れてきましたか。少し長いものにも挑戦してみよう。

The hairy hare stares at the hairier hare, and the hairier hare stares at the hairiest hare. Here we have a three-hare stare affair.

4
ひと口ジョーク (1)

> One-Liner 1

　英語を母語とする人たちは，多くのひと口ジョークを知っている。それらをスピーチのとき，パーティーの席，パブ，商談，職場などで，コミュニケーションの潤滑油として臨機応変に使うのである。
　ほんのちょっとした短いジョークが笑いを誘い，またたくまに緊張の糸をときほぐす。笑いには摩訶不思議ともいうべき生命力がある。笑いはその場をおおいに盛り上げるのだ。

【さまざまな職業】

　さまざまな職業を戯画化して笑いの対象とするのはジョークの常套手段だ。

◆タクシーの運転手

- Tom loves being a taxi driver. He goes to work every day in a taxi.

　トムは自分がタクシーの運転手であることに満足している。毎日，仕事にタクシーで行けるからだ。

　☞ものは考えようです。「タクシー」を表す英語では，cabがよく使われます。「タクシーに乗る」はtake a cabというふうに。

◆歯科医とは
- A dentist is a magician who puts metal into your mouth and pulls coins out of your pocket.

  歯科医は，患者の口のなかにメタルを入れ，患者のポケットからコインを取り出す手品師である。

  ☞ とくにアメリカでは，歯医者にかかればお金がかかるという意識がかなり強い。だから，こんなジョークが流行るのです。

　世の経済活動を分析し理解することを目指す経済学。経済学者は別にお金を儲けることをめざしているのではない。だが，ことお金についてはどうやって手に入れるかばかりを考えてしまうのが人の性（さが），経済学者にはその餌食になってもらいましょう。

◆経済学者とは (1)
- An economist is someone who knows more about money than people have it.

  経済学者とはお金をもっている人よりも，お金についてより多くのことを知っている人のことである。

  ☞ お金についての豊富な知識があっても，お金持ちになるとは限らないということ。

◆経済学者とは (2)
- An economist is someone who didn't have the ability to become a C.P.A.

  経済学者とは，公認会計士になる能力がなかった人のことである。

☞ C.P.A. とは Certified Public Accountant の略。

◆経済学者とは (3)
● He spent a quiet weekend reading economists' forecasts for next year. He also read some non-fiction.
彼は来年の景気がどうなるかという経済学者による予測を読んで，静かな週末を過ごした。それと，いくつかのノンフィクションも読んだ。

☞ 経済学者による予測は当てにならないということ，つまり予測はフィクション（虚構）にすぎないということを暗示している。ノンフィクションも読んだ，とわざわざ断るのはそのためです。

◆経済学の効用
● Economics is extremely useful as a form of employment for economists.
経済学は経済学者のための雇用形態として，非常に役に立つ。

☞ この世から失業と貧困がなくなり，みんなが幸せになれる経済学の誕生を期待しましょう！

◆心理学者とは
● A psychologist is a man who tells you something you already know in words that you can't understand.
心理学者とは，あなたがすでに知っていることを，あなたが理解できないことばで説明する人のことである。

☞ 自分自身の心のことですので「すでに知っている」（心の中にす

でにある）と解しているのです。ちなみに，青少年による凶悪な犯罪が起これば，心理学者によるコメントが新聞に掲載されますが，これは日本的な特徴。

◆文化人類学者の主張
- An anthropologist says that animals laugh. They could hardly resist if they watch the way human beings behave.
文化人類学者は動物も笑うという。動物が人間の行動を観察していると，笑いをこらえきれないというのだ。

☞ この文化人類学者の主張を信じたくなる動物，いや人間が多くいることでしょう！

◆コメディアンとは
- A popular comedian is a person who can originate old jokes.
人気のあるコメディアンとは，言い古されたジョークを創作したかのように言える人のことである。

☞ お笑いのネタは3日もすれば腐るといいますが，このジョークは厳しすぎる！

◆編集者とは
- An editor not only knows how to take advice, but also how to reject it.
編集者とは助言を受け入れるだけでなく，その助言をいかに拒否するかを知っている人のことである。

☞ あるジョークの本に書いてありました。編集者にとって最も大事なことばとは「ノー！」だそうです。つまり，著者の持ち込み原稿を容赦なく断るということです。

【心と身体】

◇ 健康な死に方
- Those who exercise regularly die healthier.
  規則正しく運動している人は，より健康に死ぬ。

☞「健康に死ぬ」という言い方が笑いを呼びますね。

◆フラストレーションとは
● Frustration is buying a new boomerang and finding it impossible to throw the old one away.
フラストレーションとは新しいブーメランを買ったのに，古いブーメランを投げ捨てられないということがわかったときのことです。

☞ ブーメランとはオーストラリア先住民が発明した狩猟用飛び道具。投げた人の所へ戻ってくる性能をもつ。この性能がジョークの材料になっている。ちなみに，アメリカの映画『おしゃれ泥棒』(*How to Steal a Million*) では，ブーメランが小道具として巧みに使われている。

【ああ，お金】

◆コールド・キャッシュと言われる理由
● Money is called cold cash because it doesn't stay in your pocket long enough to get warm.
お金がコールド・キャッシュといわれる理由は，温まる間もなくポケットから出ていくからだ。

☞ これこそ庶民の実感。cold cash は口語表現で「現金，現ナマ」の意。「金は天下の回りもの」(Money is a great traveller in the world.) ともいいますが。

◆お金がものをいう

- Money used to talk——then it whispered. Now it just sneaks away.
  かつてはお金がものを言うといわれた。それからささやくだけになった。いまじゃ，こっそり立ち去って行く。

  ☞ これもまた庶民の実感ですな。江戸川柳に「これ小判たった一晩いてくれろ」というのがあります。

◈ お金より大きなものとは
- There's something bigger than money——bills.
  お金よりも重要なものがある，すなわち，請求書。

  ☞ キレイごとを言うかと思いきや，本音を言ってのける。ジョークの本領発揮です。

◈ お金とブーメラン
- A boomerang always comes back to you no matter where you throw it. I really want to invent money like that.
  ブーメランはどこへ投げても，投げた人のところに戻ってくる。ブーメランのようなお金を是非とも発明したいものだ。

◈ クレジット・カードをもつ理由
- Money can't buy happiness. That's why we have credit cards.
  お金で幸福は買えない。だから，私たちはクレジット・カードを何枚ももつのです。

☞ なんだか，変な理屈です！「クレジット・カード」は，plastic money ともいいます。

❖ 貧困と現実
● Poverty is not a disgrace, but it's terribly inconvenient.
　貧乏は恥ずかしいことではないが，とても不便なことである。

☞ これほど真実をついているジョークがあるでしょうか！

【スピーチあれこれ】

❖ スピーチの極意 (1)
● What's more clever than speaking in several languages? Keeping your mouth shut in one.
　「数か国語を話せることよりも，より賢いこととはなにかな？」
　「1か国語で黙っていること」

☞ まさに「沈黙は金なり」ということか。「沈黙は金なり」といえば，こんなジョークもあるのです：I respect your opinion, but I'd respect it even more if you'd keep it to yourself.（私は，あなたの意見を尊重しておりますが，意見を言わずに黙っておられれば，もっと尊重いたします。）

❖ スピーチの極意 (2)
● I'm not going to bore you with a long speech. I can do it with a short one.
　私はいつまでもだらだらと話をして，皆さまがたをうんざりさせるつもり

はございません。短い話でうんざりさせることができるのでございます。

☞ 確実に笑いをまきおこすスピーチの出だしです。

※世界最高のスピーチとは
● The World's Best After-Dinner Speech: Waiter, give me both checks.
世界最高の食後のスピーチ：「ウェイター，私とお客さんの勘定をたのむよ」

☞ 言ってみたい？または，言ってもらいたい？

ジョークのオチを考えてみよう。　中級

Tom is a very talented linguist. He speaks Esperanto like a native.

(解説は215ページにあります。)

ジョークについてもっと知りたい

スピーチは出だしが肝心

　アメリカ人と日本人のスピーチを比較してよく引き合いに出されることばがあります。それは，An American starts a speech with a joke, while a Japanese begins with an apology.（アメリカ人はジョークでスピーチを始め，日本人は謝罪でスピーチを始める）というものです。

　スピーチでは出だしが肝心です。まず，笑わせることが大事なのです。そうすれば，その後のスピーチが波に乗り，聴衆は熱心に耳を傾けてくれるでしょう。いくつか紹介しておきましょう。

I think speeches are like lawns. They're both best when kept short.
私はスピーチは芝生のようなものだと思います。両方とも短いのが最高なのであります。

The brain is a wonderful thing. It never stops functioning from the time you're born until the moment you stand up to make a speech.
人間の脳はすばらしいものであります。生まれたときから働き始め，決して停止することはございません。ただし，それはスピーチをするために立ち上がる直前までであります。

The recipe for a good speech usually includes some shortening.
よいスピーチのレシピ（秘訣）には，たいていショートニングが含まれております。（料理用の「ショートニング」と「短縮」とのしゃれ）

5
性教育は聖ならず

Giggle
クスクス

　どこの家庭でも，そして学校でも，性教育には頭を悩ませていることであろう。昔とは違い，情報過多の現代では，子供たちは多くのセックスに関する情報のなかで生きているからだ。
　まずは週刊誌の広告だ。新聞でも，電車のなかの中づり広告でも，思わず赤面してしまうような広告が大きな活字で堂々と掲載されている。もっとも，これは日本だけの話だが。
　いずれにしても，これからはセックスの事実を隠すような性教育は不可能なようだ。
　それにしても，どこまでを，いつまでに教えるか，その線引きは慎重にやるべきだろう。学校によっては小学1年生に性器の名称を教えたり，5年生に避妊具の使い方を説明したりしているところもあるという。そして，コンドームの装着実習をさせているところもあるという報道もあった。これではまるで性体験を奨励しているようなものだ。
　それではいったい，ジョークの世界の性教育はどうなっているのかをのぞいてみよう。たかがジョークというなかれ，意外と参考になるかもしれない。

- Daniel:　　Mommy, where do babies come from?
  Mommy:　The stork.
  Daniel:　　I know. But who makes love to the stork?

「お母さん，赤ちゃんはどこから生まれてくるの？」
「コウノトリからですよ」
「ぼく，それは知ってるけど，誰がコウノトリとセックスするの？」

☞ ああ，子供はなにもかも知っている！英語には a visit from the stork（子供が生まれること）という表現がある。

　子供に赤ん坊はコウノトリから生まれると教え続けると，こんな事態にだってなる！

- Anne's mother took her to the zoo. They came to the stork cage. For a long time Anne looked at the stork, then turned to her mother and said, "Mum, she never even recognized me."
アンの母親は娘を動物園に連れて行った。2人はコウノトリのいるところにやってきた。アンはコウノトリをじっと見つめていた。それから母のほうを振り向き，「お母さん，コウノトリは私のことをまったく覚えていないのね」と言った。

　そして，子供によっては，こんな質問をして親を困らせるという。

- Where do baby storks come from?
コウノトリの赤ちゃんはどこから生まれてくるの？

　コウノトリではなく，子供は神様からの贈り物であるという手もよく使われる。しかし，

5　性教育は聖ならず

- Carol:　　How did I get here, Mommy?
  Mommy:　God sent you, dear.
  Carol:　　And did God send you, too, Mommy?
  Mommy:　Yes, dear.
  Carol:　　And grandma and great-grandma, too?
  Mommy:　Yes, dear.
  Carol:　　Then you mean to tell me, Mommy, that there have been no sexual relations in this family for over 100 years?

　「お母さん，わたしどうやって生まれてきたの？」
　「神様からの贈り物よ」
　「お母さんも神様からの贈り物なの？」
　「そうよ」
　「おばあちゃんと，そのまたおばあちゃんもそうなの？」

「そうよ」
「ということは，お母さん，うちの家系は100年以上もセックスをしていないということなの?」

　娘が高校生になったので，母親はセックスについて率直に話し合おうと思ったのだが，娘からは意外な答えが返ってきた。

● Mother: I think it's about time we had a talk about sex.
　Alice:　　Sure, mum. What do you want to know?
「そろそろ，セックスについて話し合ってもいい年頃だわね」
「もちろんよ，お母さん。お母さんはセックスについてなにを知りたいの?」

☞ 2002年に行われた東京都小・中・高等学校性教育研究会の調査によれば，高3女子の性交経験率は45.6 %，男子では37.3 %であるという。

　統計で見るかぎり，十代の若者の性体験は年を追うごとに増している。そこで親によっては，性教育についてこんなふうに考える人もいる。

● Sex education is a big thing today. If you look at the statistics, what kids really need is a book on *HOW NOT TO DO IT*.
今日では，性教育は大きな問題である。統計を見るかぎり，子供たちにとって最も必要なものは，『セックスをしないでいる方法』という本だ。

5 性教育は聖ならず

　学校で人間の性の営みは，ごく自然なものであることを教えられたのだが，ひとつ納得できないことがあり，早速，先生に質問した生徒がいた。

- Miss, if sex is such a natural phenomenon, how come there are so many books on how to do it?
  先生，セックスがそれほど自然な営みであるのなら，どうしてセックスの仕方という本がこれほどたくさんあるのですか？

　さて，次のジョークでは，生徒の「ノー！」と，先生の「そのとおりだよ」という答えに注目していただきたい。

- Teacher: Do you know what the best birth control pill in the world is?
  Student: No!
  Teacher: That's it.
  「この世で最高の避妊薬を知ってるかな？」
  「ノー！」
  「そのとおりだよ」

☞いかなる状況であれ，つまりどんなに誘惑されても強固な意志で「ノー！」と言えば，それが最高の避妊薬になるのです。

ジョークのオチを考えてみよう。　**中級**

Son:　　Dad, I want to marry my girlfriend.
Father: You're only a ten-year-old child. You have to wait at least ten years.
Son:　　No, dad now.
Father: What are you going to live on?
Son:　　We can manage on our pocket money.
Father: And what if she has a baby?
Son:　　Well, dad, nothing's happened so far.

(解説は215ページにあります。)

ニューヨーク大学の落書

　これから紹介する落書は，みんなニューヨーク大学の男子トイレ（残念ながら，女子トイレのことはまったくわかりません）で「発見」したものばかりです。落書はジョークに似ています。それは作者がわからないことです。

　まずは，まじめな落書から。I love life.（私は人生を愛する）/ All power to all the people.（すべての人民にすべての力を）/ God does not exist. Life exists.（神は存在しない。人生は存在する）

　ただ，この落書の下に，People who write on are stupid.（ここに落書を書く者はバカだ）という落書を見たときには思わず笑ってしまいました。また，Love is a terminal illness.（愛は末期的な病気である）という落書の下には，Yes, in a certain sense it is.（そうです，ある意味ではそうなのです）というのがありました。

　トイレという限られた密室のなかで，知らない者どうしのコミュニケーションが行われているのです。

　ニューヨーク大学にまつわるものとしては，I hate N.Y.U.（私はニューヨーク大学が大嫌いだ）/ Fuck the tuition increase!（授業料の値上げを断固阻止せよ！）というのがありました。そして極めつきは次のものでしょう。卒業に必要なすべての単位を取り終えて，あとは卒業式を待つばかりというときでした。トイレット・ペーパーを備え付けてあるプラスティックのホールダーの上に次のように書いてあったのです。

　N.Y.U. Diploma, take one.（N.Y.U. の卒業証書，ひとつ取れ）

6
子育ての夢と現実

Giggle
クスクス

　昔は祖母や祖父と同居する家族が多かったため，そのぶん子育てが楽であった。つまり，おじいちゃん，おばあちゃんという人生の達人の知恵を借りることができたのである。

　ところが現在では，生活が豊かになるにつれて核家族が急激に増えたため，子育てのノウハウが世代の間で伝わっていないところが多いようだ。ある調査によれば，母親の約7割が子育てに自信がもてなくなることがあるという。育児ノイローゼになる親も出てきた。

　最悪の場合，児童虐待へとつながっていく。これに対処するために，育児支援を行うところも出てきている。市役所によっては「こども政策課」があり，商店街の空き店舗を育児支援施設として活用する動きも広がっている。新聞，雑誌にも育児にまつわる記事が定期的に掲載されるようになった。

　もちろん，子育てについてしっかりとした持論をもっている人もいるであろう。しかし，現実ほど厳しいものはない。

- Before Tom and Helen got married, they had five theories about bringing up children. Now they have five children, and no more theories.

  トムとヘレンは結婚する前に，子育てについて5つの理論をもっていた。いま，5人の子供がいるが，理論などもうない。

☞ 子育てという厳しい現実を前にすると，観念的な理論などは消し飛んでしまうのです！先日「子育ての失敗よそに育児論」という「サラリーマン川柳」を読みました。

なかには，最初から自分の親が世話してくれることをあてにして，子づくりを急ぐ夫婦だっている。

● My husband and I have decided to have children while my parents are still young enough to take care of them.
自分の親がまだ元気なうちに，子供の世話を頼もうと思って，夫と私は子供をもつことにしたのよ。

子育てにオムツの取り替えは欠かせない。これは最も重要な仕事のひとつである。そして，オムツの取り替えには守らなくてはならぬ鉄則がある。

● One of the most important things to remember about infant care: Never change diapers in mid-stream.
赤ん坊を世話するときに忘れてはならぬ最も重要な鉄則：オシッコをしている最中に，決してオムツを取り替えないこと。

☞ この鉄則を守らないと，オシッコのシャワーを浴びることになります！アメリカでは，多くの夫たちがオムツを取り替えています。

子供のいる家庭はにぎやかで楽しげだ。また，子供は家庭を明るくするともよく言われることだ。「子供のいない家庭は墓だ」とい

う格言だってある。

　ただし，子供たちはこんなことで家庭を明るくすることもある。

- Children really brighten up a household——they often forget to turn the lights off.
  子供はたしかに家庭を明るくする。しょっちゅう電気を消すのを忘れるから。

　ニューヨークに住んでいたころ，知り合いのアメリカ人のほとんどがベビーシッター（babysitter）を頻繁に雇うことを知って驚いたことがある。ベビーシッターを雇ってまで夫婦は劇場にでかけたり，レストランに行ったりで徹底して遊ぶのだ。

　ところが，ベビーシッターには，こんな人もいる。

- A babysitter is a young girl you hire to let your children do whatever they want.
  ベビーシッターとは，子供に好き勝手なことをさせるために雇っている若い女性のことである。

☞ なかには，こういうベビーシッターもいるのでしょうね。ベビーシッターは学生のアルバイトとして人気があります。

- When the mother called home, the four-year-old daughter answered and said, "Don't talk too loud, Mum, the babysitter is asleep."
  母親が家に電話をしたら，4歳になる娘が出て，「お母さん，大きな声で話したらダメよ。ベビーシッターが眠っているから」と言った。

☞ まるで立場が逆ですね。

　子育ては楽な仕事ではない。とくに，生まれたばかりの赤ん坊の世話は細心の注意が必要だ。家庭内の事故は意外に多いのである。
　そして子供の成長は早い。3歳にもなればかなりのことを話す。子供にとっては，親の姿がこんなふうに映るのです。

● Parents spend the first part of a child's life urging him to walk and talk, and the rest of his childhood making him sit down and keep quiet.
親というのは，最初のうちは子供が歩いたり話したりすることを促し，後になると，おとなしく座っているよう求める。

子供のときには，親からとやかく言われる。そして，自分が親になったときには，子供にふりまわされることになる。

- The first half of your life is dominated by your parents while the second half is dominated by your kids.
  あなたの人生の前半は親に支配され，後の半分は自分の子供に支配される。

  ☞ このジョークは，アメリカの弁護士，クラレンス・ダロー（Clarence Darrow [1857-1938]）の，The first half of our lives is ruined by our parents and the second half by our children.（私たちの人生の前半は親に台無しにされ，後半は自分の子供に台無しにされる）がもとになっているのであろう。

子育ては人間としての本能的ともいえる喜びではあるが，かなりきつい精神的，肉体的な重労働であることも事実。それで，顔のシワが増えることになる。

- Wrinkles are heredity. Parents get them from their children.
  顔のシワは遺伝である。親は子供が原因でシワになる。

  ☞ 遺伝とは親から子に伝わるものだが，それを逆に解釈しているところがおもしろい。

さて，次のジョークは，現実を如実に表している。アメリカでもイギリスでも，子供が大学生ともなると親元を離れ，自活している場合が多いからだ。

- Teacher: Jack, what did your parents want you to do when you grew up?
  Jack:　　Leave home.

  「ジャック，親は君が大きくなったら，どんなことをしてほしいと言っていたのかね？」
  「家を出てほしいと言ってました」

- ☞ 先生は，両親はどんな職業につくことを望んでいたのかを聞いているのに，ジャックは文字通り両親が望んでいたことをそのまま答えている。

　日本語では，「金の切れ目が縁の切れ目」ということばがあるが，これを反対に解釈すれば，次のようになる。これもジョークを通り越して，実に現実味を帯びていることばだ。

- While money isn't everything in life, it does keep you in touch with your children.
  人生においてお金がすべてではないが，お金が子供との関係をしっかりと保つことになる。

　子供をだしにして，実は政治家をヤリ玉にあげることもできる。

- Most children are like politicians. You only see them when they need help.
  子供の多くは政治家のようなものだ。手助けを必要としているときだけあなたに会う。

☞日本の政治家は選挙となると，田んぼの中にまで入り込んできて握手を求めますからね。

　最後に，アメリカの俳優であり，コメディアンでもあるロビン・ウイリアムズ（Robin Williams [1952-]）がこんな物騒なことを言っているのを紹介しよう。

● I think God made babies cute so we don't eat them.
私は，神様が赤ん坊をかわいく作ったのは，私たちが赤ん坊を食べないようにだと思う。

☞『旧約聖書』は「子供たちは神の贈り物」といってますからね。

ジョークのオチを考えてみよう。　初級

Helen: What did you get for your birthday?
Sam:　An electric guitar. It's the best present I've ever received.
Helen: Why?
Sam:　My mom gives me five dollars a week if I don't play it.

（解説は216ページにあります。）

世界一バカバカしい法律

　アメリカでもイギリスでも,ぼくは本屋に入るとユーモア・セクションに直行する。そこには,ジョークの本はもちろんだが,めずらしいというか,不思議というか,常識を吹き飛ばす本が売られている。『世界一バカバカしい法律』(*The World's Stupidest Laws*)という本を発見したときには,ぼくの胸は高鳴った。いっしょにちょっと覗いてみましょう。

Beds must not be hung out of windows. (England)　窓からベッドをぶらさげてはいけない。(イングランド)

It is a crime for an owner of a pig to call his swine 'Napoleon'. (France)　豚の所有者が,自分の豚を「ナポレオン」と呼ぶのは犯罪である。(フランス)

Prostitution is legal but the prostitutes must pay taxes like any other business. (Holland)　売春は合法であるが,売春婦はほかのビジネス同様税金を収めなくてはならない。(オランダ)

A man may be arrested for wearing a skirt. (Italy)　男がスカートを着用した場合には,逮捕されることがある。(イタリア)

It is against the law to flush the toilet after 10 p.m. if you live in an apartment. (Switzerland)　アパートに住んでいる住民が,午後10時以降にトイレの水を流すのは違法である。(スイス)

7
母の心，子知らず，
子の心，母知らず

> Mom!
> ママ!

　子供がまだ小さいときはただ体が丈夫であればいいと思う母親は多い。しかし，子供が学校に通うようになれば，どこの家の母親も学校での子供の出来，不出来が気になるものだ。

　高校であれ，大学であれ子供が進学を控えていればなおさらであろう。親にとってなにが気になるか。それは試験の点数であり成績である。

　子供はいい点数をとれば誉められるし，悪い点数だとガミガミ言われ叱られる。そこで，娘のヘレンは奇策を考えた。

● Helen:　Mum, I got a hundred in school today.
　Mother: That's wonderful, Helen. What did you get a hundred in?
　Helen:　I got thirty in history and seventy in English.

「お母さん，今日，学校で100点とったよ」
「すごいわね，ヘレン。なんの科目で100点とったの？」
「歴史で30点，英語で70点とったの」

☞ これは成績にまつわる学校ジョークのなかで定番ともいうべきジョークです。

　日本語は便利である。なにが便利か。漢字を覚える前にひらがな

を覚える。「夢」という字を覚える前に,「ゆめ」を覚える。つまり,順を追って覚えられるのだ。

しかし,英語はそうはいかない。そこで,ハリーがかかったスペリングという名の病気とは？

- Harry: Mum, I had trouble with diarrhea at school.
  Mother: That's terrible! I didn't know you were ill.
  Harry: I wasn't. I just couldn't spell it.
  「お母さん,ぼく,学校で下痢で困っちゃったよ」
  「それは大変だったわね。お腹をこわしていたなんて知らなかったわ」
  「ちがうよ。下痢（diarrhea）という字が書けなかったんだよ」

  ☞ この種のジョークでは,pneumonia（肺炎），eczema（湿疹），rheumatism（リューマチ）もよく使われる。漢字もそうだが,英語も単語によってはたしかにスペリングがむずかしい。
  「下痢」は,口語英語では the runs という。

- Mother: Did you get a good place in the English test, James?
  James: Yes, Mum. I sat next to the cleverest girl in the class.
  「ジェイムズ,英語の試験でいい位置についたの？」
  「ばっちりだよ,お母さん。ぼくはね,クラスでいちばんできる女の子の隣に座れたんだ」

  ☞ ジェイムズは good place を「カンニングするためのよい席」と解釈している。

宿題をやっている最中に，スペリングがわからなくて，ちょっと親に教えてもらいたいことだってある。

- Mary:　Mummy, how do you spell Mississippi?
  Mother: The river or the state?
  「お母さん，ミシシッピーってどう書くの？」
  「川のこと，それとも州のこと？」

☞ 川の名前であれ，州の名前であれミシシッピーのスペリングは同じ。そのことを母親はなにもわかっていないところがオチ！ちなみに，アメリカの中部を南北に流れるミシシッピー川は全長 6,418 キロメートルにおよぶ北アメリカ最長の川である。

子供かわいさゆえに，母親によっては，いつもいつも子供の宿題を手伝ってやりたいと思う人もいるであろう。だが，こんな答えがかえってくることもあるので，くれぐれもご用心なされ！

- Mother: Carol, do you like me to help you with your arithmetic homework?
  Carol:　No, thank you. I'd rather get it wrong by myself.
  「キャロル，お母さんに算数の宿題を手伝ってもらいたい？」
  「お母さん，結構よ。私はね，自分で間違えたほうがいいの」

子供の成長に喧嘩，口論，いざこざは欠かせない。これらは成長していくための必要悪と考えていいだろう。反抗期の子供の扱いに親は悩む。そこには涙あり笑いありだ。それにしても，ケイトはなんて正直（？）な娘であろうか。

7 母の心, 子知らず, 子の心, 母知らず

- Mother: Kate, why are you crying?
  Kate: My new dolly—Tom broke it.
  Mother: How did he break it?
  Kate: I hit him on the head with it.

  「ケイト, なぜ泣いているの?」
  「買ったばかりのお人形さんのことなの。トムお兄ちゃんが壊しちゃったの」
  「どうやってお兄ちゃんが壊したの?」
  「お人形でお兄ちゃんの頭を叩いたら壊れたの」

☞ これは古典的ともいうべきジョーク。人形以外にもいろいろなおもちゃが使われる。

　二重の意味に解釈できる表現を用いることによって, 多くのジョークが作られる。これはその典型的な例である。

- Mother: Jeff, did you thank Mrs. Smith for the wonderful party she gave?
  Jeff: No, Mummy. The boy leaving before me thanked her, and Mrs. Smith said, "Don't mention it," so I didn't.

  「ジェフ, すばらしいパーティーに招待されて, スミスさんにお礼を言いましたか?」
  「言わなかったよ, お母さん。だって帰るときに, ぼくの前の男の子がお礼を言ったら, 『Don't mention it』と, スミスさんが言ったよ。だから, ぼくお礼を言わなかったんだ」

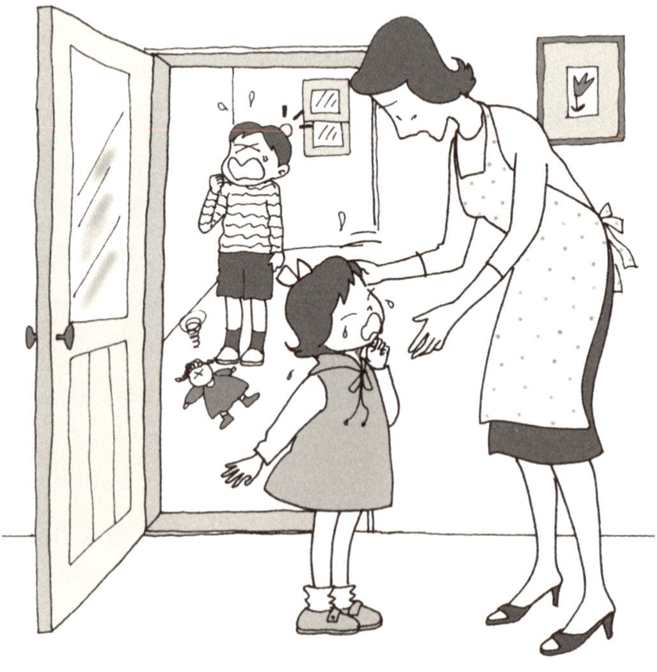

☞ ジェフは「どういたしまして」の Don't mention it. を,「お礼を言わないで」と解釈したということ。「どういたしまして」は You're welcome. も一般的に多く使われる。

昼間からお酒を飲んでいるお母さまがた,マーガレットのような娘さんもいますので,どうぞお気をつけください！

● Margaret came home one day and smelled alcohol on her mother's breath. "Mummy," she said, "You're wearing Daddy's perfume!"
ある日,マーガレットが家に帰ると,母親の吐く息が酒くさかった。「お母さんは,お父さんの香水をつけているのね」と,彼女は言った。

☞ 父親は大の酒好きで,いつもアルコールの匂いを漂わせている。マーガレットにしてみれば,酒の匂いを父親の香水の匂いだと思ったのでしょう！

正直も度を越すと,バカ正直という。そんな息子の話から。

● Mother: Why are you home from school so early, Tom?
  Tom: I was the only one who could answer a question.
  Mother: Oh, really? What was the question?
  Tom: Who threw the rubber at the homeroom teacher?
「トム,なぜこんなに学校の帰りが早かったの？」
「質問に答えられたのは,ぼくだけだったんだよ」
「あらまあ,どんな質問だったの？」
「担任の先生に消しゴムを投げつけたのはだれだ,という質問だったんだ」

☞ たしかに，トムは先生の「質問」に正直に答えたんですね。

ジョークの世界では，こんな弁明，理屈も成り立つのだ。

● Mother: Where did you get that black eye, Kent? Didn't I tell you that good little boys never fight?
　Kent:　Yes, Mother, and I believed you. I thought Jim was a good little boy and hit him, and then I found out he wasn't.

「ケント，目のまわりのあざどうしたの？ お母さん，いい子は絶対にケンカをしないと言わなかった？」

「ぼく，お母さんから言われたことを信じていたよ。ジムがいい子だと思ったからぶったんだ。それで，彼がいい子ではないということがわかったんだ」

☞ ケントがケンカをしかけ，ジムに反撃されてあざができたということ。

もっと水がほしい本当の理由とは？

● Ted:　Mum, can I have a glass of water?
　Mother: You've had ten already.
　Ted:　I know. But my bedroom is on fire.

「お母さん，お水をもう一杯もらってもいい？」
「もう，10杯も飲んだでしょ」
「うん，でも，ぼくのベッドルームが火事なんだよ」

7 母の心，子知らず，子の心，母知らず　　　　　　　　　　　81

おとぎ話といえば，「むかし，むかし，あるところに……」で始まることになっているが，現実の社会ではそんなふうに始まらない「おとぎ話」もある。

- Duke:　　Mummy, why do fairy tales always start with "Once upon a time..."?
- Mother: They don't always; your father's, for instance, always starts with "The bloody train was late again..."

「お母さん，どうしておとぎ話はいつも『むかし，むかし……』で始まるの？」
「そうでないこともあるのよ。だって，お父さんはいつも『また電車が遅れやがって』って始めるじゃない」

☞ ときにジョークは世相を反映する。イギリスに住んだことがある人には実感としてよくわかるが，電車がよく遅れる。だから，こんなジョークができる。
東京では中央線が人身事故，信号機やポイントの故障などで遅れることがある。だから，このジョークは "The bloody Chuo train was late again" とすれば，東京に住む外国人に対して使える。形容詞の bloody には，怒りの意が込められている。

勉強の最中に単語の意味がわからなくて，お母さんに聞くこともあるだろう。でも，いつもいつも母親の言うことを絶対に信じてはいけないのだ。なるべく，単語の意味は辞典を使って自分で確かめよう！

● Jane: Mummy, what's a pauper?
Mother: I think that it's another name for father.
「お母さん，pauper ってなんなの？」
「父親という意味の別の言い方だと思うけど」

☞ pauper と papa の発音は少し似ている。だが，前者には「被生活保護者」「貧困者」などの意味がある。経済力がなく，頼りにならない父親を強烈に皮肉っている。

7 母の心，子知らず，子の心，母知らず

　大人が気がつかないだけで，子供は日常の親の行動をよく観察している。観察の結果，こんな「おままごと」をしている子供がいるのだ。

- Mother: Linda, why are you screaming so much? Tom isn't making so much noise.
  Linda: Of course he isn't. It's part of the game we're playing. He's Dad coming home late, and I'm you.

　「リンダ，どうしてそんなに大声で叫ぶの？ トムは大声なんか出していないでしょ」
　「もちろん，トムは大声なんかあげないよ。お遊びの役なんだから。トムは，家に遅く帰ってきたお父さんの役をやっていて，私は，お母さんの役をやっているんだから」

☞ お父さんが遅く帰ってきたときに，家全体に鳴り響くお母さんのどなり声が聞こえてきそうですね。

　子供は甘いものが好きだ。いくら食べてもきりがない。食べ過ぎると体にいいはずがない。子供の欲望をどう抑えるか。やはりウイットに富み，ユーモア精神が豊かなお母さんに頼るしかない。

- Julia: Mom, can I have two pieces of cake?
  Mother: Sure, take this piece and cut it in two.

　「お母さん，ケーキを2個もらってもいい？」
　「もちろんいいわよ。このケーキを切って2個にしなさい」

☞ たしかに，個数としてはケーキは「2個」になりました。

次は娘と母親とのやりとりだが，母親が最後に言った sympathy（同情）という語，この語の具体的な意味については，読者のみなさん，どうぞ想像力を働かせてみてください。

- Jenny: Mom, I've found a boyfriend just like father.
  Mother: So what do you want from me, sympathy?
  「お母さん，私ね，お父さんのようなボーイフレンドにめぐり会えたわ」
  「それで，お母さんにどうしてほしいの，同情してほしいの？」

ジョークのオチを考えてみよう。　中級

Hilary: Mom, you know that beautiful vase has been handed down from generation to generation?
Mother: Yes.
Hilary: Well, this generation has dropped it.

(解説は 216 ページにあります。)

『少年倶楽部』の笑い話を読む

　講談社の子ども向け雑誌，月刊『少年倶楽部』が2004年に復刊された。驚くなかれ，この雑誌は大正3年（1914）から昭和37年（1962）まで続いたのである。ただ，復刊といっても，この雑誌に投稿された「笑い話」だけであるが。

　これらの笑い話を読むと「日本人にはユーモアのセンスがない」という巷に流布していることばが，いかに根も葉もない俗説であるかがわかる。ただ日本ではユーモアが日常に表れにくいのだ。

　笑い話を読んでいちばん驚いたことは，英語のジョークとの共通点である。昭和10年12月号のものをひとつ紹介しておこう。

子供「ごめん下さい」
本屋「はい」
子供「参考書を下さい」
本屋「はい。この参考書をもっていると，いつもの半分の勉強でよろしい」
子供「では2冊下さい」

　『英語ジョークの教科書』の68ページに掲載されている，次のジョークと比較されたい。内容が違っていても，オチの構造がまったく同じなのである。

Salesman: The latest model computer will cut your workload by 50 percent.
Secretary: That's great! I'll take two of them.

8
父の心，子知らず，
子の心，父知らず

Dad!
パパ!

　学校での子供の成績を気にするのは母親ばかりではない。父親だって同じだ。いや，家庭によっては父親のほうが子供の成績に一喜一憂しているにちがいない。
　だが，悪い成績をこんなふうに考える子供もいる。これも，その子供なりの親孝行なのである。

● Jim:　　Dad, I can tell you how to save money.
　Father: That's fine. How?
　Jim:　　You promised me ten dollars if I got good grades.
　Father: Yes.
　Jim:　　Well, you don't have to pay me.
「お父さん，ぼくお金の節約の仕方がわかったよ」
「それはいいことだ。どうやってだい？」
「お父さん，ぼくがいい成績を取ったら，10ドルくれるって約束したでしょ」
「そうだったな」
「ぼくに，10ドルくれなくてもいいことになったんだよ」

　ニューヨークに住んでいたころ，自分の学校の成績が悪いのは親の育て方に問題があるとして，子供が自分の親を告訴したという新聞記事を読んだ覚えがある。そのときは，いくらアメリカが訴訟社

会とはいえ，非常識だと思ったものだ。
　次の問いに対し，皆さんはどう答えますか。

- A boy upon receiving a poor school report card asked his father: What do you think the trouble with me is——heredity or the home environment?
悪い成績の通知表を受け取った息子が，父親に「ねえ，ぼくの成績が悪いのは，遺伝なの，それとも家庭環境のせいなの？」と聞いた。

　ジョークの世界では，多くの子供たちが登場する。子供特有の感性，奇抜な解釈なしにジョークが成立しないからだ。

- Ted:　　Dad, are our next-door neighbors very poor?
  Father: I don't think so.
  Ted:　　Then why did they make such a big fuss when their baby swallowed a penny?
「お父さん，ぼくの家の隣に住んでる人たちはとても貧乏なの？」
「そうは思わないな」
「じゃあ，赤ん坊が1セント玉を飲み込んだくらいで，どうして大騒ぎしているの？」

　子供が親に突拍子もない質問をしたら要注意だ。質問のウラには必ずなにかが隠されているからだ。つまり，子供には子供なりの計算がある。そして，策略もある。

- Mike:　 Have you a good memory for faces, dad?
  Father: Sure.

Mike:　Good. I've just broken your shaving mirror.

「お父さんは，人の顔をよく覚えられる方？」
「もちろんだよ」
「よかった。ぼく，お父さんのヒゲ剃り用の鏡を壊しちゃったんだ」

　夫婦のあいだの日常のやりとりを，子供だから知らないと思ったら大間違い。子供はなにもかもお見通しなのだ。

- Henry:　Dad, what is a weapon?
  Father: That's something you fight with.
  Henry:　Is mom your weapon?

  「お父さん，武器ってなあに？」
  「ほら，戦うときのあれ」
  「ママがお父さんの武器ということなの？」

  ☞ fight with には「（〜を武器として）戦う」と「（〜を相手にして）戦う」の 2 つの意味がかけられており，ヘンリーは後者で理解しています。ヘンリーの父と母は，しょっちゅうイヌも食わない夫婦喧嘩をしているということ。

- Father: I wonder why my shaving brush is so stiff.
  Pat:　　I don't know, dad. It was all right yesterday when I used it to paint a birdhouse.

  「ヒゲ剃りのブラシが硬くなっているけど，どうしてなのかなあ」
  「ぼく知らないよ，お父さん。昨日，小鳥の巣箱にペンキを塗るのに使ったときにはなんでもなかったんだから」

8 父の心，子知らず，子の心，父知らず

　父親が子供の学校の成績が悪いのを責めるとき，自分の学校での成績を自慢する人もいるであろう．得意な科目があった場合にはなおさらだ．

- Father: Mathematics was my best subject at school. I don't understand why your marks are so poor.
  Glen:　　But I did get eight out of ten.
  Father: Yes, but 60 percent isn't good enough.
  「数学はお父さんのいちばん得意な科目だったんだ．おまえの成績は最悪

じゃないか。どうしたんだ」
「でも，10問のうち8問は解答できたんだよ」
「そうか。でも，60パーセントの出来じゃまだまだだな」

　父たるもの，子の質問には答えたい。

- Pat:　　Dad, who was Hitler?
  Father: You are so stupid; bring me the Bible and I'll show you who he was.
  「お父さん，ヒットラーってだれなの？」
  「バカだなあ，おまえは。彼が何者であるか教えてやるから聖書を持ってきなさい」

☞ 聖書でヒットラーが予言されていた?!

　日本には「愛想づかしも金から起きる」ということわざがある。ドイツには「貧乏神が戸を叩くと，愛は窓から逃げる」ということわざがあるそうだ。いずれにしても，結婚するとなるといくらお金がかかるのか？

- Fred:　　Dad, how much does it cost to get married?
  Father: I don't know. I'm still paying for it.
  「お父さん，結婚するのにどれくらいお金がかかるの？」
  「わからん。お父さんはね，いまだに払い続けているんだよ」

☞ ニューヨークに住んでいたときのこと，ぼくの知り合いに結婚するとお金がかかるから，結婚しないという男がいました。お

金がないから結婚しないのではなく，お金がかかるから結婚しないというのです。

親が子供に学校で学んだことをたずねるときも，状況によっては要注意だ！

- Father: What did you learn at school today, Bill?
  Bill: I learned that the math homework you did for me was all wrong.
  「ビル，今日は学校でなにを学んだんだい？」
  「お父さんがやってくれた数学の宿題が，ぜんぶ間違っていたということを学びました」

☞ もうおなじみですね。ジョークでは親が宿題をやるとなぜか全部間違ってしまうのです。

歴史のテストの結果が極端に悪いその訳とは？

- Father: Why did you get such a low score on the history exam?
  Mark: Absence.
  Father: You were absent on the day of the exam?
  Mark: No, but the clever girl who sits next to me was.
  「歴史のテストで，どうしてこんな低い点数を取ったんだ？」
  「欠席が原因なんだ」
  「おまえはテストの日に欠席したのか？」
  「ちがうよ。ぼくの隣に座っているできる女の子が，欠席したんだよ」

☞ マークは，カンニングができなかったということですよね。

　物価の値上がりは庶民の生活を直撃する。生活のやりくりにも限界がある。そんなとき，なにか下がるものはないかと思うのは庶民の偽らざる気持ちであろう。

● Father:　Everything is going up. Food prices, electricity and heating expenses. Why can't anything go down?
　Dave:　　Dad, take a look at my school report card.
　「なんでもかんでも物価が上がりっぱなしだ。食料品も上がったし，電気代，光熱費も上がった。なにか下がるものはないのかな？」
　「お父さん，ぼくの成績表を見てよ」

☞ デイヴ君，通信簿の成績だけはどんどん上がってもらわなくては困るのです！

　むかし読んだなにかの雑誌で，お見合いで結婚した夫婦のほうが恋愛して結婚した夫婦よりも，離婚する割合が少ないという記事を目にしたことがある。次のジョーク，すでに結婚している男性のみなさんはどう受けとめますか？

● Ben:　　Is it true, Dad? I heard that in some parts of Oriental countries a man doesn't know his wife until he marries her.
　Father:　That happens in every country, Ben.
　「お父さん，東洋の国によっては男は結婚するまでどんな人が自分の妻になるかを知らないと聞いたんだけどほんとうなの？」

8 父の心，子知らず，子の心，父知らず

「ベン，それはあらゆる国で起こっていることだよ」

☞「あらゆる国で起こっている」という，このお父さんの忸怩たる（？）気持ちどうぞ推察してやってください。

　家庭によっては，子供にきちんと学校の宿題をやらせることが簡単にはいかないであろう。父親によってはスパルタ教育，つまり愛のムチを使ってでもやらせようとする人もいるであろう。

- Father: Paul, if you don't finish your homework today, I'll use my belt on your bottom.
  Paul: You'd better not do that, Dad.
  Father: And why not?
  Paul: Because your pants will fall off.

　「ポール，今日，宿題をやってしまわなければ，お父さんのベルトでおまえの尻をぶつぞ」
　「お父さん，そんなことしないほうがいいよ」
　「なぜだい？」
　「だって，お父さんのズボンがずり落ちちゃうよ」

　クリスマスの贈り物は，サンタ・クロースが夜中に家々の煙突から室内に入り，だれからも気づかれないようにそっとおいていくことになっている。

- John: Dad, who gave me that bicycle for Christmas?
  Father: Santa Claus gave it to you.
  John: Well, Santa was here this morning and said another

installment plan is due.

「お父さん，クリスマスにぼくに自転車をくれたのはだれなの？」
「サンタさんが，おまえにくれたんだよ」
「じゃあ，サンタさんが今朝ここに来て，新たな月賦が始まるねと言ったんでしょ」

ジョークのオチを考えてみよう。　中級

Father: Stop acting like a fool!
Son:　　I'm not acting.

（解説は 216 ページにあります。）

あるクリスマスの風景

　クリスマスとはイエス・キリストの誕生を祝うミサの儀式のこと。ロンドンでもニューヨークでも，ぼくはクリスマスを過ごしたことがある。クリスマスが近づくと，街が華やいだ雰囲気になる。デパートはもちろんのこと，いろんな店がクリスマス・セールのための派手な宣伝をする。

　街を歩いていると，外から見えるように窓辺に小さなクリスマスツリーを飾っている家庭を多く見かける。驚いたことに，ロンドンではバスも地下鉄も止まってしまう。タクシーは走ってはいるが料金が高い。そのことに文句を言う人はいない。

　英語に，Christmas comes but once a year.（クリスマスは年に1度しか来ない）ということわざがある。おおいに楽しめということであろう。クリスマスカードは壁に貼られたり，暖炉の上におかれたり，ヒモを張ってそれにぶら下げられたりしている。受け取るカードの数が多ければ多いほどうれしいことなのだ。カードの数の多いことは自慢話にもなる。

　一方，悲しい事実もある。クリスマスには身寄りのない老人の自殺が増える。だから，老人ホームに入っている人たちに，毎年クリスマスカードを送り続ける人たちがいる。実は，ぼくも学生たちにお願いしてイギリスの老人ホームに大量のクリスマスカードを送ったことがある。ボランティア活動の一環である。

　一度も会ったことのない見知らぬお年寄りにカードを送るのである。だがカードを受け取った人たちは，それがどこの国からのものであれ涙を流して喜ぶという。

9
ひと口ジョーク (2)

> One-Liner 2

　日本語で「寸鉄人を刺す」ということばがある。短いがずばり真理を言いあてたことばをいう。英語のひと口ジョークはこれに似ている。
　短いがユーモアとウイットで人を笑わせ，ときには容赦なく人や社会を刺すのである。

【違いのわかる人になろう】

◆ 知識と無知の違い

- Some people say that a discussion is the exchange of knowledge, but an argument is the exchange of ignorance.
  討論は知識の交換であるという人もいるが，口論は無知の交換である。

☞ 国会での審議とか会社の会議，大学の教授会などでの不毛な議論にそのまま当てはまりそうですね。

◆ 赤ん坊と夫の違い

- What's the difference between a baby and your husband? You can leave a baby alone with the babysitter.
  「赤ん坊と夫との違いはなにか？」
  「赤ん坊はベビーシッターと2人っきりにすることができる」

☞ 夫をベビーシッターに任せるわけにはいきませんからね。ベビーシッターをやるのは若い女性が多いですから。江戸川柳に「飯炊きに婆ァを置いて鼻あかせ」というのがあります。夫が若い下女と浮気しないように，年増の下女を雇って夫をがっかりさせようというものです。

◆ 子供と大人の違い
● The big difference between adults and children is that adults' toys cost more money.
大人と子供の大きな違いとは，大人の玩具は子供の玩具よりお金がかかるということです。

【こんな上司にだれがした】

◆ 上司の心配
● I'm beginning to get furious with my boss because every time I come in early, he asks, "Having trouble at home?"
上司にはまったく頭にくる。私が朝早く出勤するたびに「家庭でもめごとでもあるのか」と聞きやがるんだ。

☞ きっと，上司の家庭がそうなのでありましょう。

◆ ドケチな上司
● My boss is very stingy. He requires all memorandums to be done on a single sheet of paper. Why? He's saving on paper clips!
私の上司はとてもケチなのよ。メモはすべて1枚の紙で済ませろと言うの。

なぜかって？ 彼はペーパー・クリップを節約しているのよ。

☞ ケチもここまでくれば立派な「経営哲学」です！

【妻，夫，そして男たち】

◆掃除の嫌いな妻

- My wife seldom cleans a room. In the living room we have a book of *How To Clean A Room* covered with dust.
  うちの女房はめったに掃除しない。リビング・ルームにおいてある『部屋の掃除の仕方』という本は埃だらけだよ。

☞ よほど掃除が嫌いなんでしょうね，掃除の仕方の本そのものが埃だらけとは。

◆ドケチな妻

- My wife is so stingy! She sharpens her pencils over the fireplace, so she won't waste the wood.
  うちの女房はとてもケチでね。暖炉のうえで鉛筆を削るのさ。つまり，木材をムダにしないということなんだよ。

☞ 鉛筆の削りくずとて，木材であることに変わりがありません！

◆夫とは (1)

- A husband is a man who lost his liberty in the pursuit of happiness.
  夫とは幸福を追求したために自由を失った男のことである。

☞ だれだって幸福を追い求めますが、それが落し穴だったとは！

夫とは（2）

● A husband is a person who expects his wife to be perfect and to understand why he isn't.

夫とは、妻が完璧であることを期待し、なぜ自分が完璧でないかを妻が理解してくれることを期待する人のことである。

☞ 妻からすれば、「それは身勝手」ということになりますか。

夫の仕事

● My husband is a terrible gardener. A few weeks ago his artificial lawn died.

うちの旦那の庭仕事はひどいものよ。2, 3週間前なんだけど、彼が植えた人工芝が枯れちゃったのよね。

☞ ああ、人工芝が枯れるとは！ジョークの世界では人工芝ですら枯れるのです。

夫の気持ち

● One of my friends donated a loudspeaker to our church in memory of his lovely wife.

ぼくの友達は愛しい妻をしのんで、音のでかいスピーカーを教会に寄付したよ。

☞ さぞかし、生前は声のでかい奥さんだったんでしょうね。『旧約聖書』には、「けんか早い妻と暮らすよりは、荒野で暮らすほう

がましだ」とあります。

◆夫の家出

● What do you do if your husband suddenly walks out on you?
Tell him the drinks are on the house.
Lock the front door, immediately.
「もし，お宅の旦那さんが突然家出をしたらどうなさいますか？」
「すぐに玄関のドアのカギをかけるわ」

☞男としてはショックですが，なにかの参考になりそうなジョークです！

◆男とは（1）

● How do you get a man to climb onto the roof of a pub?
Tell him the drinks are on the house.
「男をパブの屋根の上に登らせるにはどうしたらいいかな？」

「酒はオン・ザ・ハウスだと言えばいい」

> ☞ 英語の drink は「アルコール飲料」を表すことが多い。on the house はイディオム表現で「店のおごりで」の意。「酒は屋根の上」とかけている。「一杯やりに行こう」は, Let's go out for a drink. という。

※ 男とは (2)
- Men are like advertisements. You can't believe a word they say.
男は広告のようなものだわ。言っていることがひとことだって信用できないのよ。

> ☞ 広告のことばというのは，ときにはウソ，誇張がつきものでそのまま鵜呑みにはできませんからね。ただし，この『英語ジョーク見本帖』の広告は別です！

【さまざまな理由】

※ ハイヒールが発明された理由
- A pair of high heels is the invention of a woman who had been kissed on the forehead too many times.
ハイヒールは，何度も何度もおでこにキスされた女性が発明したものである。

> ☞ これによって，晴れて唇にキスをされるようになったのですかね。

◆子供を2人もつべき理由
- Every family should have two children. If one of them becomes a poet or a painter, the other can give them financial support.

  どの家庭も2人の子供をもつべきである。ひとりが詩人または画家になったら、もうひとりが経済的に援助できるから。

  ☞詩人，画家ではそう簡単に生活ができないということを言いたいのです。不遇の天才画家，ゴッホも生前は作品が評価されず，弟のテオが金銭的に援助しましたからね。

◆定年を拒否する理由
- Retirement at sixty is ridiculous. When I was sixty, I still had pimples.

  60歳で定年だなんてバカげている。私は60歳のときに，まだニキビができていたんだ。

  ☞60歳で定年になった方，どうぞこのジョークを使ってください。

【子供と父親】

◆子供の本音
- Many children wonder why their fathers didn't go into the ice-cream business.

  多くの子供たちは，父親がどうしてアイスクリームの商売をやらなかったのか不思議に思っている。

☞ たしかにどの子供も，毎食でも甘いものを食べたいと願うものですから。

❖ 子供とは
● A child is a creature that stands halfway between an adult and a television.
子供とは大人とテレビとのちょうど真ん中へんにいる生き物のことである。

☞ たしかに，子供は近い距離でテレビを見たがります。「テレビっ子」(vid kid) ということばもありますからね。テレビを軽蔑した言い方には idiot box（白痴箱）というのがあります。

❖ 父親の確信とは
● Father looking over his son's report card:
One thing is in your favor. With these grades you couldn't

possibly be cheating.

父親が息子の成績表を見て「ひとつだけ君に有利なことがある。この成績だと，絶対にカンニングをやっていないことだ」と言った。

☞ カンニングは和製英語。英語では「カンニング」は cheating，「カンニングする」は cheat in an examination という。「カンニングペーパー」は crib（sheet）という。アメリカ英語の俗語では pony。

ジョークのオチを考えてみよう。　上級

What is the definition of a doughnut?
A crazy millionaire.

（解説は 216 ページにあります。）

「日本笑い学会」とユーモア学

　ユーモア学とは「笑い」を研究対象にする学問です。ひと口に笑いといってもいろいろな笑いがあります。微笑，苦笑，哄笑，失笑，嬌笑，嘲笑，冷笑などなど，あげていけばきりがありません。

　これは笑いという現象が，複雑怪奇であり，その実態が捉えにくいことを示しています。100人の人が笑いを論ずれば，100の異なった意見が出てくると言っても過言ではありません。

　ドイツの哲学者，ショーペンハウエル（Arthur Schopenhauer [1788-1860]）は「多く笑う者は幸福であり，多く泣く者は不幸である」といい，イギリスの詩人，ミルトン（John Milton [1608-1674]）は「笑いは敵味方の差別を取り除く」と言いました。また，アメリカの詩人，ウィルコックス（Ella Wheeler Wilcox [1850-1919]）は「笑いなさい。世界もいっしょに笑うでしょう。泣きなさい。あなたはひとりで泣いているでしょう」などと，まるで歌の文句みたいなことを言っています。どれもこれもが，笑いというものの一側面を捉えていることは事実です。

　日本の大学ではまれですが，アメリカでは「ユーモア学」をひとつの講座として開いている大学が数多くあります。これは，ユーモアというものが日常の生活に直結していることを示しています。

　ところで，「日本笑い学会」の存在をご存知でしょうか。1994年に設立された学会で，「笑いの総合的・多角的研究」を目的にしています。事務局は大阪にありますが，全国に18の支部があり，それぞれが笑いの発信に余念がありません。どうぞ，ホームページ http://www.age.ne.jp/x/warai をのぞいてみてください。

10
ノック・ノック・ジョーク

Knock, knock
トン トン

　ジョークのひとつの形式に「ノック・ノック・ジョーク」というのがある。典型的な定型ジョークであり，基本的には子供用のジョークだが，大人が使ってもおかしくはないし，大人用のジョークの本でも紹介されている。英語を母語とする人でノック・ノック・ジョークを知らない人はいないであろう。

　この世にはノック・ノック・ジョーク収集家すらいるのである。驚くなかれ，この収集家は，すでに13万個以上のジョークを収集している。そして，ギネスブックへの登録をめざしているというからさらに驚きだ。

さて，このジョークの形式はいたって単純である。全部で5行からなることば遊びだ。まず，1行目でAが2度ノックする。2行目でBがだれかと問う。3行目でAが自分の名前を言う。4行目で，Bがさらに名前を問う。最後の5行目でAが名前にかけたしゃれを言う。つまり，いわゆる「空耳」を楽しむジョークなのだ。

それでは，ノック・ノック・ジョークを楽しもう。そして，自分でも作ってみよう。

- Knock, knock. とん，とん。
  Who's there? どなた？
  Dummy. ダミィ。
  Dummy who? ダミィどなた？
  Dummy a favor and stop these knock-knock jokes. ちょっとお願い，ノック・ノック・ジョークはやめにして。

  ☞ Dummy と Do me をかけている。Do me a favor. は「ちょっとお願い」の意。

- Knock, knock. とん，とん。
  Who's there? どなた？
  Justin. ジャスティン。
  Justin who? ジャスティンどなた？
  Justin time for the party. パーティに間に合ってよかった。

  ☞ Justin と Just in をかけている。

- Knock, knock.　　　　　　　　　　とん，とん。
  Who's there?　　　　　　　　　　　どなた？
  Lettuce.　　　　　　　　　　　　　レタス。
  Lettuce who?　　　　　　　　　　　レタスどなた？
  Lettuce in and you'll find out.　　　入れてちょだい，わかるから。

☞ Lettuce（レタス）と Let us をかけている。

- Knock, knock.　　　　　　　　　　とん，とん。
  Who's there?　　　　　　　　　　　どなた？
  Olive.　　　　　　　　　　　　　　オリーブ。
  Olive who?　　　　　　　　　　　　オリーブどなた？
  Olive chocolate. Don't you?　　　　わたし，チョコレート大好き，
  　　　　　　　　　　　　　　　　　　　あなたは？

☞ Olive と I love をかけている。

- Knock, knock.　　　　　　　　　　とん，とん。
  Who's there?　　　　　　　　　　　どなた？
  Adore.　　　　　　　　　　　　　　アドア。
  Adore who?　　　　　　　　　　　　アドアどなた？
  Adore stands between us.　　　　　ドアがあるの，開けてちょうだいな。
  　Open it up.

☞ Adore と A door（ドア）をかけている。

- Knock, knock.　　　　　　　　　　とん，とん。

Who's there?	どなた？
ET.	イーティ。
ET who?	イーティどなた？
ET your food before it gets cold.	冷めるから食べちゃって。

☞ ET（extraterrestrial の略,「地球外生物」の意）と Eat をかけている。また，E.T. は地球の少年と他の惑星からの訪問者の友情を描いたアメリカ映画のタイトルでもある。

● Knock, knock.   とん, とん。
  Who's there?   どなた？
  Tick.   ティック。
  Tick who?   ティックどなた？
  Tick'em up and give me all your money.   手をあげろ，金をぜんぶ出せ。

☞ Tick と Stick'em up（手をあげろ）をかけている。

● Knock, knock.   とん, とん。
  Who's there?   どなた？
  Martini.   マーティニィ。
  Martini who?   マ ティニィどなた？
  Martini hands are frozen so let me in!   わたしのちっぽけな手がこごえているの，中に入れて！

☞ Martini と My teeny（私のちっちゃい）をかけている。

- Knock, knock. とん，とん。
  Who's there? どなた？
  Luke. ルーク。
  Luke who? ルークどなた？
  Luke out the window and 窓の外を見て，わかるから。
  you will see.

☞ Luke と Look をかけている。

- Knock, knock. とん，とん。
  Who's there? どなた？
  Ivan. アイヴァン。
  Ivan who? アイヴァンどなた？
  Ivan package for you. あなたへの小包みよ。

☞ Ivan と I've a をかけている。

- Knock, knock. とん，とん。
  Who's there? どなた？
  Eddie. エディ。
  Eddie who? エディどなた？
  Eddie body home? どなたかいるのかな？

☞ Eddi body と Anybody（だれか）をかけている。

- Knock, knock. とん，とん。
  Who's there? どなた？

Earl.	アール。
Earl who?	アールどなた？
Earl catch a cold if you don't let me in.	入れてくれないと，カゼひいちゃうよ。

☞ Earl と I'll をかけている。

● Knock, knock.	とん，とん。
Who's there?	どなた？
Mary.	メアリー。
Mary who?	メアリーどなた？
Mary Christmas and a Happy New Year.	メリークリスマス，新年おめでとう。

☞ Mary と Merry（陽気な）をかけている。

さて，おわかりのように，このジョークの構造は極めて単純。名前に似ている音を応用するだけのことば遊びだ。だから，だれにでも作れる。そこで，日本人の名前を使って，ノック・ノック・ジョークを作ってみよう。

たとえば名前が，ナナ，奈々（Nana）という人がいれば，

● Knock, knock.	とん，とん。
Who's there?	どなた？
Nana.	ナナ。
Nana who?	ナナどなた？

Nana your business.　　　　あなたの知ったことじゃない。

☞ Nana と None of とをかけている。None of your business.（あなたの知ったことじゃない）は日常の会話でもよく使われる。

　名前が，マリ，まり，真理，万里，麻理（Mari）という人がいれば，

- Knock, knock.　　　　　　とん，とん。
  Who's there?　　　　　　　どなた？
  Mari.　　　　　　　　　　マリ。
  Mari who?　　　　　　　　マリどなた？
  Mari me, I need you.　　　私と結婚して，あなたが必要なの。

☞ Mari と Marry（結婚する）をかけている。

　名前が，ケン，健，謙（Ken）という人がいれば，

- Knock, knock.　　　　　　とん，とん。
  Who's there?　　　　　　　どなた？
  Ken.　　　　　　　　　　ケン。
  Ken who?　　　　　　　　ケンどなた？
  Ken you open the door?　　ドアあけて。

☞ Ken と Can をかけている。

最後に高級な（？）ノック・ノック・ジョークを紹介しておこう。この種のジョークを使えば，あなたはイギリスが生んだ最大の劇作家，シェイクスピアにも詳しいとみなされるかも知れない（？）。

- Knock, knock.　　　　　　　とん，とん。
  Who's there?　　　　　　　　どなた？
  Tubby.　　　　　　　　　　　タビー。
  Tubby who?　　　　　　　　タビーどなた？
  Tubby or not to be.　　　　　生きるか死ぬか。

☞ Tubby を To be にかけている。先にも紹介したシェイクスピア『ハムレット』のなかの有名なセリフ, "To be, or not to be, that is the question."（生きるか，死ぬか，それが問題だ）をもじったもの。

ジョークのオチを考えてみよう。　中級

Knock, knock.
Who's there?
Arthur.
Arthur who?
Arthur any more chips in the pan?

（解説は217ページにあります。）

11
ウェイター，ウェイター・ジョーク

Waiter!
ウェイター！

　ジョークの分野に「ウェイター，ウェイター・ジョーク」というのがある。このジョークの歴史は古く，いまなお世代を超えた人気を誇っている。その証拠に，子供用のジョークの本であれ，大人用のジョークの本であれ，「ウェイター，ウェイター・ジョーク」は掲載されている。

　また，このジョークは形式が簡単な典型的な「定型ジョーク」のひとつでもある。

　まず，お客が「ウェイター，ウェイター！」と2度呼び掛ける。そして，苦情を言う。それに対するウェイターの丁寧な答えに笑い

を仕込んでおくのが典型である。
　お客の苦情はさまざまだが,「スープのなかにハエが入っている」というのが, いちばん多いパターンだ。

● Waiter, waiter! There's a fly in my soup.
　Don't worry, sir, I won't charge you extra.
　「ウェイター, ウェイター！スープにハエが入っているぞ」
　「ご心配いりません。余分にご請求はしませんから」

　☞ ウェイターは「お客がハエの分の料金も請求されることを心配している」と解釈している。ハエを食材として考えているのです！

● Waiter, waiter! There's a fly in my soup.
　That's the meat, sir.
　「ウェイター, ウェイター！スープにハエが入っているぞ」
　「それは肉でございます」

　☞ ハエも肉の一種であるとやり返しているところが笑いを誘う。

● Waiter, waiter! There's a fly in my soup.
　Don't worry, sir, the spider on the bread will get it.
　「ウェイター, ウェイター！スープにハエが入っているぞ」
　「ご心配いりません。パンの上にいるクモが捕まえてくれますから」

　☞ これはひどいジョークだが, 古典的なもの。しかし, こうなると日本人のユーモア感覚はついていけなくなるのではないか。

- Waiter, waiter! There's a dead fly in my soup.
  Yes, sir, it's the high heat that kills them.
  「ウェイター、ウェイター！スープに死んだハエが入っているぞ」
  「そうでございますね。高熱で死んだのでありましょう」

  ☞ウェイターはハエが死んだ原因を説明することで、お客の苦情をかわしている。

- Waiter, waiter! There's a dead fly swimming in my soup.
  Nonsense sir, dead flies can't swim.
  「ウェイター、ウェイター！スープのなかで死んだハエが泳いでいるぞ」
  「そんなことはありえません。死んだハエは泳げません」

  ☞これもトンチンカンな答えでお客の苦情をかわしている。たしかに、死んだハエは泳げないか！

　この形式のジョークでは、スープにハエが入っているのではなく、バターの中にハエが入っていることもある。

- Waiter, waiter! There's a fly in the butter.
  Yes, sir. It's a butterfly.
  「ウェイター、ウェイター！バターにフライ（ハエ）が入っているぞ」
  「そのとおりでございます。バタフライなのです」

  ☞butterfly は「蝶」の意。これぞ駄洒落というもの。

　さて、「スープにハエが入っている」のパターンを紹介してきた

11 ウェイター，ウェイター・ジョーク

が，スープには蚊や他の虫などが入っていることもある。

- Waiter, waiter! There's a mosquito in my soup.
  Don't worry, sir. Mosquitoes have very small appetites.
  「ウェイター，ウェイター！スープに蚊が入っているぞ」
  「ご心配いりません。蚊にはほとんど食欲がございませんから」

  ☞ これもお客の苦情を平然とかわしている。蚊がいるからといって，スープの量が減らないと言っているわけです。蚊をアリなどに変えてもこのジョークはそのまま使えます。

- Waiter, waiter! There's a worm in my soup.
  That's not a worm, sir, that's your sausage.
  「ウェイター，ウェイター！スープにイモ虫が入っているぞ」
  「それはイモ虫ではございません。ソーセージでございます」

  ☞ わざわざ，your sausage と言っていることに注目！

　「スープに○○が入っているぞ」というお客の苦情を逆手にとって，こんなジョークまである。

- Waiter, waiter! There's a bug in my soup.
  That's strange, sir. It's usually a fly.
  「ウェイター，ウェイター！スープに昆虫が入っているぞ」
  「妙なこともあるものでございます。いつもはハエが入っているのでありますが」

誤解，二重の意味を応用することによっても，「ウェイター，ウェイター・ジョーク」はつくられる。

- Waiter, waiter! I'm in a hurry. Will the doughnuts be long?
 No, sir, round.
 「ウェイター，ウェイター！私は急いでいるんだ。ドーナツは長くなる（時間がかかる）かな？」
 「長くはありません。円いのです」

 ☞ ウェイターは，お客が「ドーナツの長さ」を尋ねていると解釈している。

- Waiter, waiter! How long will the sausages be?
 About 4 inches, I expect, sir.
 「ウェイター，ウェイター！ソーセージはどれくらい（かかる）かな？」
 「約4インチだと思われますが」

 ☞ ウェイターはお客の問いを，ソーセージが出てくるのに「どれくらい時間がかかるか」ではなく，サイズが「どのくらいの長さか」と解釈している。

- Waiter, waiter! This soup tastes funny.
 So laugh, sir.
 「ウェイター，ウェイター！このスープ，おかしいぞ」
 「おかしいのなら，どうぞ笑ってくださいませ」

 ☞ スープの味が「おかしい」と笑いの「可笑しい」をかけている。

11 ウェイター，ウェイター・ジョーク

● Waiter, waiter! There's a slug in my salad.
I'm sorry, sir. I didn't know you were a vegetarian.
「ウェイター，ウェイター！サラダにナメクジが入っているぞ」
「誠に申し訳ございません。お客さまがヴェジタリアンであることを存じあげなかったものですから」

☞ これもこの種のジョークの典型。まず丁寧な謝罪をしておいて，まったく別の理由でお客に弁解している。ナメクジも食材?!

　レストランでのお客の苦情もいろいろとある。まさに，千差万別，多種多様である。ジョークの世界では，こんなことで文句を言うお客もいるのです。

● Waiter, waiter! This crab has only one claw.
He lost it in a fight.
Well, bring me the winner.
「ウェイター，ウェイター！このカニには，ハサミが片方しかついていないじゃないか」
「ケンカしてもぎ取られたのです」
「それじゃ，勝ったほうのカニを出してくれ」

☞ ぼくはカニが大好きなので，このお客の気持ちは本当によくわかります。これまで見てきたように「ウェイター，ウェイター・ジョーク」では，ウェイターがお客をからかい，それがオチになるが，これはめずらしくお客の要求がオチになっている。

　ハエや虫はともかくも，料理に髪の毛が入っていたという例もあ

る。

- Waiter, waiter! There's a hair in my apple pie.
I can't understand it, sir. Those apples were Baldwins.
「ウェイター，ウェイター！アップル・パイに髪の毛が入っているぞ」
「そんなことありえません。リンゴはボールドウィンを使ってますから」

☞ Baldwinは「アメリカ北東部産のリンゴの一種」，baldは「髪のない，頭がはげた」の意。

- Waiter, waiter! Do you have frogs' legs?
No, sir, I always walk like this.

☞ ウェイターはお客が「このお店ではカエルの足を出しますか」と聞いているのを，「あなたはカエルのような足をしていますか」と聞かれたと思っている。だから，「私はいつもこんなふうに歩いています」と答えている。これはウェイターとお客にまつわる古典的なジョークです。

- Waiter, waiter! This coffee tastes like mud.
I'm not surprised, sir. It was grounded only a few minutes ago.
「ウェイター，ウェイター！このコーヒーは泥の味がするな」
「無理もございません。ほんの数分前にグラウンドしたばかりでございますから」

☞ mud（泥）の味を受けて，groundの「地面に置く」と「コー

ヒーをひいた」との2つの意味をかけている。

ジョークのオチを考えてみよう。

Customer: There's something wrong with these eggs.
Waiter:　　Don't blame me, sir. I only laid the table.

(解説は217ページにあります。)

定型ジョーク（2）

「ウェイター，ウェイター・ジョーク」の形式によく似ているジョークに「ドクター，ドクター・ジョーク」というのがある。これも典型的な定型ジョークである。

まず，患者が「ドクター，ドクター」と2度呼び掛ける。その後，自分が抱えている悩み事や問題を医者に打ち明ける。医者の答えがまったく予期せぬことであったり，奇想天外であったりでこれがこのジョークのオチになる。

「ウェイター，ウェイター・ジョーク」がそうであるように，「ドクター，ドクター・ジョーク」もかなり人気がある。だから，子供・大人用のジョークの本に，数多く紹介されている。

早速，実例を見てみよう。

Patient: Doctor, doctor, I keep dreaming of ants, bats, chickens, demons, eagles...

Doctor: How interesting! Do you always dream in alphabetical order?

「先生，先生，私は ants（アリ），bats（コウモリ），chickens（ニワトリ），demons（悪魔），eagles（ワシ）の夢をいつも見るのです……」
「とても興味深いね。君はいつもアルファベット順に夢を見るのかね？」

この種のジョークは日本語に訳したら，おもしろさが伝わらない。これをヒントにして，オチが「いつもアイウエオ順に夢を見るのかね？」になる日本語のジョークも作れよう。

12
料理する人食べる人

Chuckle
フフッ

　名前は忘れてしまったが，ある女性作家の料理にまつわるエッセイを読んでいたときに，「料理というのはやりだせばきりがない世界である」という文章に出会ったことがある。

　ぼくは料理といえば，インスタント・ラーメンにお湯を注ぐことしかできないが，この文章はとても印象的であった。料理の世界は奥が深く，実際にそうなのかもしれないと思ったものだ。日本では「料理は器で食べるものである」ということばがあるし，「季節料理」「おふくろの味」ということばもある。なにしろ，多種多様で繊細なのだ。

　さて「ウェイター，ウェイター・ジョーク」に続き今回は，レストランを離れ，料理一般にまつわるジョークを紹介しよう。だが，美味しい料理はジョークの対象にはならない。最悪な料理だけがジョークの対象になるのである。その点でジョークの世界の料理は単純である。

　まずは，夫婦の会話に耳を傾けてみよう。

- Wife: 　　Wake up! I hear a rat eating last night's dinner scraps.
  Husband: Go back to sleep. I'll bury it in the morning.
  「ねえ，あなた，起きて！ネズミが昨日の夕食の残りものを食べている音

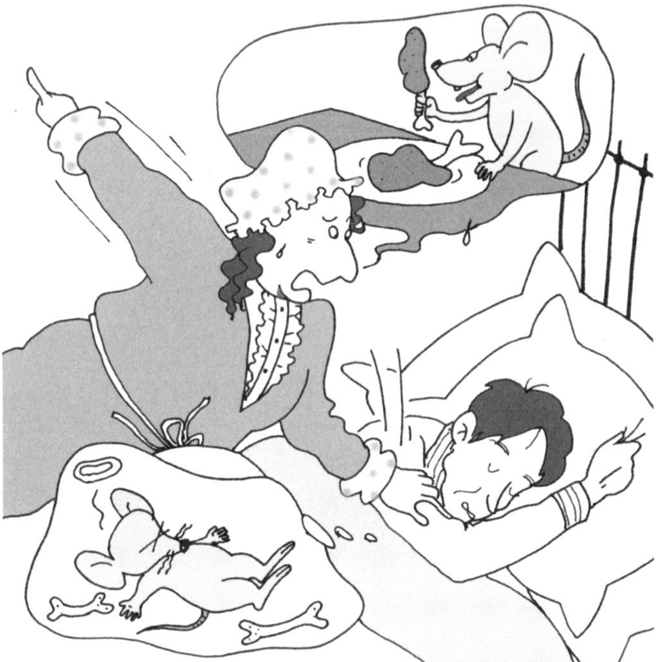

が聞こえるのよ」
「寝たほうがいいよ。朝になったらネズミを埋めておくから」

- Wife: I made you a lovely meat pie for your dinner but the dog ate it.
  Husband: Never mind, I'll buy you another dog.
  「あなた，夕食においしいミート・パイを作ったの。ところが，イヌが食べちゃったのよ」
  「心配いらないよ。別のイヌを買ってやるから」

- Wife: There's a burglar downstairs eating the cake that I made this morning.
  Husband: Who shall I call, the police or an ambulance?
  「下の部屋に泥棒が入り込んで，私が今朝作ったケーキを食べているのよ」
  「警察を呼ぶかね，それとも救急車を呼ぶかね？」

☞ これらは料理にまつわる古典的ともいえるジョークで，いずれも料理がまずくて最悪なもので，それを食べたネズミもイヌも，そして人間も中毒となり悪くすると死んでしまうだろうということ。まずい料理を食べて死ぬとは過激なジョークだ。

料理をしていて，うっかり焦がしてしまうことはよくあることだ。これもまたジョークの格好の餌食になる。まずは短いものから。

- Where there's smoke, there my husband is——cooking!
  煙りの立つところに，わが夫あり。すなわち，夫の料理！

- Say, honey, are we eating out tonight? I don't smell anything burning.
  ねえ，今夜は外で食事をするのかい？　なにも焦げる臭いがしないからな。

- Wife: 　　How did you know we were having salad tonight?
  Husband: I didn't smell anything burning.
  「あなた，今晩，サラダを食べるってどうしてわかったの？」
  「焦げる臭いがなにもしなかったからだよ」

- My wife's cooking is improving. The smoke is not as black as it used to be!
  うちの女房の料理の腕はあがってきている。以前ほど煙が黒くならないから。

  ☞ 前半で誉めておいて，後半でひっくりかえすのはジョークの定型パターンだ。

　　次は料理ジョークの定番の一品。みなさんは見たことありますか？

- Last night my husband cooked but he burned the salad.
  昨日の夜，うちの旦那が料理したんだけどサラダを焦がしちゃったのよね。

- Mary: How can you tell if your husband cooked dinner?
  Jane:　 The salad's burnt.
  「お宅の旦那さんが，夕食を作ったことがどうしてわかるの？」
  「サラダが焦げているからよ」

☞ サラダを焦がすとは現実にはありえないことだが，そこがジョークの世界なのです！

　ヴェジタリアンになる人が増えているという。その動機はいろいろあるであろう。たとえば，健康，栄養の点で動物性の蛋白質の取りすぎは身体によくないとか，コレステロールの数値が増えるとか。また，動物を殺して食べることに抵抗を感ずる人もいるであろう。
　しかし，世の中にはこんな理由でヴェジタリアンになった人もいるのです！上司と部下との会話である。

● Employee: Why did you become a vegetarian?
　Manager:　I couldn't stand to see my wife burn a $100 steak.
「どうして課長はヴェジタリアンになったんですか」
「女房が100ドルもするステーキを焦がしているのを見るのが耐えられないからだよ」

　ロンドンではダニの出るどんなに安いホテルに泊まっても朝食だけはつく。パンとコーヒー，または紅茶だ。問題はパンの焼き加減である。焦げていることがよくある。
　そんなときには，ぼくはこんなジョークを言いたくなるのだ。

● Where there's smoke, there's toast.
煙の立つところに，トーストあり。

☞ イギリスでは食パンを薄く切り，きつね色になるまでこんがりと焼く。よく焼いたものは dark，軽く焼いたものは medium brown という。

奥さまどうし，パーティーの席で少しアルコールがきいてきたところでこんな会話はどうでしょうか。

● Cindy: My most secret fantasy is having two husbands at home.
　Judy:　Really, why?
　Cindy: One for cooking, the other for cleaning.
　「私のないしょの夢はね，夫を2人もつことなのよ」
　「あら，どうして？」
　「ひとりは料理用，もうひとりは掃除用にね」

☞ 多くの夫をもち，ずらっと並んだマンションの各部屋に住まわせ，そして曜日ごとに訪ねる相手を変えるのが夢であるという，女性作家によるエッセイを読んだことがあります。

● Helen: Can you tell me what's in this cake you made, Peter?
　Peter:　Are you going to try making one?
　Helen: No, my family doctor might need to know.
　「ねえ，ピーター，あなたが作ったケーキは何を材料に使っているの？」
　「自分でもケーキを作ってみたいのかい？」
　「いいえ，かかりつけのお医者さんが中身を知りたいというかもしれないから」

☞ ピーターが作ったケーキを食べて体調をくずし医者に行く羽目になることもあるということ。医者は原因追求のために中身を

知りたいでしょうからね。

食べられるキノコと毒キノコの区別はむずかしい。いかにもおいしそうな毒キノコが数多くある。キノコにまつわるブラック・ユーモアをひとつ。

- Husband: How can I tell mushrooms from toadstools?
  Wife: Eat some before you go to bed. If you wake up the next morning, they're mushrooms.
  「食用のキノコと毒キノコはどうやって見分けるのかな？」
  「寝る前に食べてごらんなさい。翌朝，目が覚めたら食用のキノコだってことよ」

  ☞ 毒キノコと食べられるキノコの見分け方というのはないそうです。あくまでも経験を積むことが大事で，図鑑だけを頼りにしてはいけないそうです。

食欲は人間がもっている欲望のうち，もっとも強い欲望といえるだろう。なにしろ，生命の維持がかかっているから。それにしても……。

- My favorite meal is breakfast, lunch, dinner, and in-betweens.
  私が好きな食事は朝食，昼食，夕食それに間食なの。

  ☞ 「間食しちゃだめよ」は，Don't eat between meals. という。

レストランでのお客とウェイトレスの会話から。

- Customer: Is this milk fresh?
  Waitress: Certainly. Just one hour ago, it was grass.
  「この牛乳は新鮮かな？」
  「もちろんですわ。ほんの１時間前は草だったんですから」

☞ このお客さん，ウェイトレスの説明を聞いて牛乳を飲む気になったんですかね。

　いまでこそ，コンピュータが内蔵された炊飯器が売られているが，むかしは薪（まき）ストーブの火力でご飯をおいしく炊くことが主婦の腕のみせどころだった。
　炊きすぎるとご飯は焦げる。水の量が多すぎると，ご飯はべとつく。これらを防ぐ究極のご飯の炊き方を紹介しておこう。

- One of the secret ways to cook rice so it doesn't stick together is to boil each grain separately.
  ご飯をねばっこくなく，くっつかないように炊く秘密の方法は，ひと粒ずつご飯を炊くことである。

　食事が終わった後は，歯を磨く。いまどきの子供はこんなことを言うという。

- Mom, I can't brush my teeth. The battery is dead.
  お母さん，ぼくは歯を磨けないよ。バッテリーが切れてるよ。

ジョークのオチを考えてみよう。　**中級**

Teacher: Tom, do you know that fish is brain food?
Tom:　　 Yes, I do. I eat fish everyday.
Teacher: Oh, well! There goes another scientific theory.

(解説は 217 ページにあります。)

ロンドンのレストランで

　ロンドンのアールズコートにあるいちばん安い中華レストランで食事をしているときであった。ぼくの隣のテーブルにいた中年のカップルのうち男性がご飯がかたすぎるとウェイトレスに文句を言っている。聞けば，男は医者で，ロンドンで医学関係の国際学会があり，夫婦で来たという。ぼくは，医者なのに最低クラスのレストランで食事をしていることに驚き，かつ感激した。

　お互いに自己紹介ということになり，男はDr. Smithと名乗った。そのうち男は，You speak American English.（あなたはアメリカ英語を話しますね）と，ぼくに言ってきた。英語の母語話者にこんなことを言われたのは初めてのことだ。たしかに，ぼくはニューヨークに4年住んでいたので，アメリカ英語の影響を受けているかもしれない。しかし，正直に言えば，ぼくが話す英語はアメリカ英語でもなければ，イギリス英語でもない。北海道英語である。20歳まで北海道の辺鄙なところ（八雲鉱山）に住んでいたので，ぼくが話す英語は北海道訛りが強いに違いない。うんでねえか？

　ところでぼくは，英語を聞き分ける鋭い耳をもっているその医者に向かって言った。Your name is not Dr. Smith. Your name is Professor Higgins.（あなたの名前は，スミス医師ではありません。あなたの名前はヒギンズ教授です。）

　スミスさんも奥さんも大笑いした。ヒギンズ教授とは，あの有名なミュージカル『マイ・フェア・レディ』（*My Fair Lady*）に登場する，鋭い耳をもつ音声学者のことである。

13
良い知らせ・悪い知らせ

（Good news）
（Bad news）

　「良い知らせ・悪い知らせ」は定型ジョークのひとつといってもいいだろう。話の内容に，必ず良い知らせと悪い知らせがある。悪い知らせがオチになることが多いが，良い知らせがオチになることもある。

　このジョークは対話形式が多く，「良い知らせと悪い知らせがある」と話しかけるところから話が始まる。

　まずは夫婦の会話からだが，これほど話がわかり，しかも達観（？）している妻もめずらしいのではあるまいか。

● Husband:　Dear, I have some good news and some bad news. First, I'm going to run off with Carol.
　Wife:　　　Really, and what's the bad news?

「良い知らせと悪い知らせがあるんだ。まず，ぼくは（きみと別れて）キャロルと出て行くつもりなんだ」
「あら，そうなの。それで，悪い知らせの方はなんなの？」

☞ ふつうなら，夫が他の女と出て行くとなると，妻にとって悪い知らせになるはずだが，この妻にとってはむしろ良い知らせになっている。

　上司と秘書との関係，情事もジョークの格好の材料にされる。秘

書のカレンと上司とのやりとりである。

- Karen: I've got some good news and some bad news.
  Boss: Look, I'm very busy this morning. Just tell me the good news.
  Karen: Well, the good news is that you're not sterile.
  「課長, 良い知らせと, 悪い知らせがあるのよ」
  「ねえ君, 今朝はとても忙しいんだ。良い知らせだけを話してくれ」
  「それじゃ, 良い知らせなんだけど, 課長は子供のできない種じゃないわ」

☞ これは, カレンが課長との情事で妊娠したということ。カレンは課長が「子供のできない種ではない」ということを強調して良い知らせとしているが, それが即悪い知らせに逆転している点がおかしい。

父と息子のフレッドとの会話だが, 父は必死になってパイプの水漏れの部分を手で押さえている。

- Fred: I have some good news and some bad news for you, Daddy! First for the good news: You can take your hand off the leak in the pipe.
  Father: That's a relief, son. Did the plumber get here?
  Fred: Now for the bad news. We need the water because my room is on fire!
  「お父さん, 良い知らせと悪い知らせがあるよ。まず, 良い知らせからね。もう水漏れのパイプを手で押さえてなくてもいいよ」
  「ああ, 助かった。配管工が来たのかい?」

「それで，悪い知らせなんだけど，ぼくの部屋が火事で水が必要なんだ」

☞ このジョークに配管工への言及があるが，アメリカでもイギリスでも「配管工ジョーク」が盛んである。そのことと無関係ではあるまい。

　飛行機が苦手だという人は意外と多い。なにしろ，1万メートルの高さをあんなに巨大な物体に乗って飛ぶのだから。そして，飛行中にこんなアナウンスがあったら……。

● Ladies and gentlemen! This is your captain. I have some good news and some bad news. First, for the good news: We have perfect visibility, clear weather. Now for the bad news:

All engines are seriously something wrong.
みなさん，機長です。良いお知らせと悪いお知らせがあります。まず，良いお知らせですが，視界は完璧で天気は良好です。悪いお知らせですが，全てのエンジンがかなり不調のようであります。

　実は，この種の形式のジョークは医者と患者との関係で最も多く用いられている。

- Doctor: Would you like the good news or the bad news?
  Patient: Give me the good news.
  Doctor: You've only got three weeks to live.
  Patient: If that's the good news, what's the bad news?
  Doctor: I should have told you two weeks ago.
  「良い知らせと悪い知らせがあるのですが，どちらをお聞きになりたいですか？」
  「良い知らせを聞きたいです」
  「実は，あなたの命はあと3週間しかありません」
  「それが良い知らせなのなら，悪い知らせとはなんでしょうか？」
  「このことは，2週間前に言うべきでした」

☞ ということは，この患者はあと1週間しか命がないということ。

　オチの構造はまったく同じで，上記のジョークを変形させた「悪い知らせ，さらに悪い知らせ」というものもある。

- Doctor: I have some bad news and even worse news. The bad news is that you have only twenty-four hours to live.

Patient: Twenty-four hours to live! What worse news could there be?

Doctor: I should have told you the bad news yesterday.

「悪い知らせとさらに悪い知らせがあります。悪い知らせですが、あなたの余命はたったの24時間です」

「たったの24時間か！これよりも悪い知らせなんてあるのかね？」

「あなたには、この悪い知らせを昨日話しておくべきでした」

☞ となると、この患者さんはまもなく死ぬことになる！

　アメリカでは精神科医の数がやたらと多い。ということは精神科医にかかっている人の数も多いということである。なにしろ、精神科医にかかっているということが、社会的ステイタスにもなっているお国柄なのである。

　そういうこともあってか、精神科医と患者の対話が、よくこのジョークの対象になる。

Doctor: I have some good news and bad news. The good news is, you've got a split personality.

Patient: That's the good news? What's the bad news?

Doctor: I'm going to have to bill you twice.

「良い知らせと悪い知らせがあります。良い知らせですが、あなたは二重人格者です」

「それが良い知らせなんですか？ 悪い知らせとはなんですか？」

「2人分の診察料をいただかなくてはなりません」

☞ 二重人格者だから，2人分の診察料か，ああ！

　日本語で「悪いことは重なるものだ」という言い方があるが，英語のジョークの世界ではこんなにも悪いことが重なるのです。

- Doctor:　I have some good news and some bad news. Which shall I tell you first?
- Patient:　Do begin with the bad news, please.
- Doctor:　All right. Your son has drowned, your daughter is in a coma, your wife has run away from home, your house got blown away, and you have an incurable disease.
- Patient:　Good grief! What's the good news?
- Doctor:　The good news is that there is no more bad news.

「良い知らせと悪い知らせがあります。どちらを先にお話しますか？」
「悪い知らせから，お話しください」
「わかりました。あなたの息子さんはおぼれてお亡くなりになりました。娘さんは昏睡状態であります。奥さんは家出をなされました。あなたの家は吹き飛ばされてしまったのです。そして，あなたは不治の病にかかっております」
「なんてこった！それで良い知らせとはなんでしょうか？」
「これ以上，悪い知らせがないということです」

　これまで見てきた例は，あくまでも患者にとっての良い知らせ，悪い知らせであったが，例外的に医者にとっての良い知らせもある。

- Doctor: I've got good news and bad news. The bad news is, you've only got a week to live.
  Patient: That's awful! What's the good news?
  Doctor: I just won the lottery.
  「良い知らせと悪い知らせがあります。悪い知らせは、あなたの余命はたったの1週間ということです」
  「ああ、本当に恐ろしいこと！それで、良い知らせとはなんでしょうか？」
  「私に宝くじが当たったんだよ」

　テレビ番組で「なんでも鑑定団」というのがある。ぼくもときおり見てはおおいに楽しんでいる。陶器でも絵画でも、贋作(がんさく)を確実に見破る専門家の鑑識眼には圧倒される思いである。
　ところが、ジョークの世界では、こんなことを鑑定できる人がいるのです。

- First for the bad news──I regret to tell you that your Van Gogh was not painted by the Van Gogh. Now for the good news──It was painted by Picasso.
  まず悪い知らせなんだがね。残念なことに、君の所有しているゴッホの絵だけど、あれはゴッホが描いたものじゃないよ。でも、良い知らせもあるんだよ。あれはピカソが描いた絵なんだよ。

　☞ ゴッホの絵とピカソの絵を間違えることなどありえそうもないですが、ジョークですのでよしとしてください。

ジョークのオチを考えてみよう。　**中 級**

Lawyer: I have the bad news and the terrible news.
James:　Give me the bad news first.
Lawyer: Your wife found a picture worth ten thousand dollars.
James:　That's the bad news? I really want to hear the terrible news.
Lawyer: The terrible news is that it's of you and your secretary.

（解説は217ページにあります。）

定型ジョーク（3）

　電球交換ジョーク（light-bulb jokes）も根強い人気を誇る定型ジョークのひとつである。エスニック・ジョークが発端である。形式はいたって簡単。

　最初に，How many（　　）does it take to change a light bulb?「〜が電球を交換するのに何人必要か？」という質問がなされる。カッコのなかには，それこそ答えの内容次第で多種多様な人物が入る。その可能性は無限といっていい。また，このジョークは少し慣れてくれば，だれにでも作れる。

　たとえば，街を歩いていて店などで「両替お断わり」の貼り紙を見ることがある。日本の銀行も両替すると料金を取るようになった。早速，この風潮を電球交換ジョークの餌食にしてみよう。

How many supermarket cashiers does it take to change a light bulb?
Are you kidding? They won't even change a thousand-yen bill.

「スーパーのレジの人が電球を交換するのに何人必要か？」
「冗談を言っているのかい？　彼らは千円札だって替え（両替し）てくれないよ」

　このジョークの特徴として，ぎくっとするような辛辣な答えが多い。それだけ批判精神が旺盛なのである。電球ジョークだけの本もあれば，たいていのジョーク本にもこのジョークは掲載されている。

142

14
お笑いサイン物語

> Ignore this sign.
> この表示は無視して
> ください。

　この章のタイトルは「サイン物語」となっているが，有名人に書いてもらう「サイン」（英語では autograph）とはまったく関係がないので，まずはご注意あれ。

　さて，海外であれ国内であれ，街を歩くときにいろいろな標識，立て札，看板，掲示，広告などを見て歩くことも楽しみのひとつである。

　ぼくがいつも利用する駅の前の花屋では「1束 525円，2束 1050円」という貼り紙をしている。そこで，ぼくは考え込んでしまった。いったい，この貼り紙の意図はなんだろうかと。計算が苦手な人のために，2束で1050円としているのか，それとも2束買っても値引きはしないということをあらかじめ断わっておきたいのか。

　また，家の近くのいつもの散歩道で「糞害に憤慨」という貼り紙を見たこともある。糞害の糞とはイヌの糞である。なかなかのユーモア精神の持ち主だ。

　ロンドン観光としゃれこんだ日本人で，トイレに困り，我慢できなくなって To Let と表示のあったビルに飛び込んだという話を聞いたことがある。その人によれば，ロンドンの Toilet はどうして "i" の文字を入れないのか不思議に思ったというのだ。これはウソのような本当の話である。それほど，ロンドンでは公衆トイレの数は少ない。表示が示すとおり，たしかに「愛」がないといえる。

それでは、ジョークの世界のサインをのぞいてみよう。英語圏ではサインもすぐれてジョークの対象になるのだ。

◆パン屋の宣伝から
- A sign in a baker's window: Cakes 66p. Upside-down cakes 99p!

  『ケーキ　66ペンス，アップサイドダウン・ケーキ　99ペンス』

  ☞「アップサイドダウン・ケーキ」とはフルーツケーキの一種で，焼いた後に逆にしてフルーツが上に浮いて見えるようにしたもの。upside-downには「逆さまに」という意があり，66を逆さまにすれば99となるので笑いを誘う。

人によっては酒が好きだから酒を飲むという人もいれば，なにかいやなことや悩み事があり，なにもかも忘れたいがために酒を飲みたくなるという人もいるであろう。

◆パブの看板から
- A sign in a pub's window: If you drink to forget, pay in advance.

  『忘れるためにお飲みの方は，先に支払いを済ませてください』

  ☞なにかいやなことを忘れるために飲む人だから，支払いを忘れては困るということでこんな断り書きを出したのでしょう。ただ実際にはアメリカ，イギリスのバーでは注文したときにその場で支払うことになっている。

修理屋さんの宣伝文句から

● WE CAN REPAIR ANYTHING.
(Please knock hard on the door——The bell doesn't work.)

『当店はなんでも修理できます。(ご用の方はドアを強くノックして下さい。ドアベルは故障しています)』

☞ こともあろうに，なんでも修理できる修理屋さんのドアベルが壊れているとは！

中古車販売店の看板から

● A sign on a used car lot:
SECOND-HAND CARS ONLY IN FIRST-CRASH CONDITION

『中古車，衝突は１回のみの状態』

☞ ふつうは good condition（良い状態）とはいうが，ジョークの世界では first-crash condition という言い方が成立するのです！

眼科医院の看板から

● A sign on an eye doctor's door:
If you don't see this sign, you've come to the right place.

『この掲示が見えなければ，あなたは適切な所に来たということです』

☞ 掲示が見えなければ適切な場所に来たのかどうかもわからないと深く考えないでください。あくまでもジョークですから。

◈ 文房具店の掲示から
- A sign in a stationary shop window:
  Calendars and Diaries
  All with a one-year guarantee
  『カレンダー，日記帳はすべて1年の保証』

☞ カレンダー，日記帳はすべて1年ものですからね。それを保証すると言われてもねえ。

◈ ペット・ショップの宣伝文句から
- A sign in a canary cage in a pet shop:
  FOR SALE——CHEEP!
  カナリアのかごの掲示：『売出し中，チープ』

☞ cheap（安い）とのしゃれ。cheep は「ピーピー」などの小鳥の鳴き声の意。発音が同じです。

次の掲示は日本においてもよく見るもの。質問は謎と言うべきかへりくつと言うべきか。

- How do "Don't Walk on the Grass" signs get there?
  『芝生の上を歩くべからず』という立て札は，どうやってそこに立てたのかな？

☞ ヤリ投げの選手に頼んで，突き刺したのかもしれません！英語では「芝生に入るべからず」は，Keep off the grass. という。

14 お笑いサイン物語

✿花が咲きみだれる公園の立て札から
● LOVE FLOWERS AND LEAVE THEM.
　『花を愛しましょう。花はそのままにしておきましょう』

☞花に見とれてしまい，つい失敬してしまう人がいますから。

　次はジョークの世界の架空の立て札ではなく，実際にあった立て札です！

✿川沿いの立て札から
● A road sign next to a river:
　When this sign is underwater the road is impassable.
　『この立て札が水没しているときには，通行不可』

● When you can't see this sign, the river is under water.
　『この立て札が見えないときには，川が水没しています』

☞2つとも，誤解されないであろう実にわかりやすい掲示であります。それにしても「川が水没」とは！

　銀行の倒産を防ぐために公金の投入，銀行による貸し渋りなどが世間の憤りを呼び，なにかと銀行に対する世間の風当たりは強い。しかし，そんな世間の声などなんのその。

✿銀行の掲示から
● A sign above bank loan teller's station:
　To err is human; to forgive is not our bank policy.

『過ちは人の常，許すは当行の方針ではなし』

☞ イギリスの詩人，ポープ（Alexander Pope [1688-1744]）の作品, *An Essay on Criticism* に出てくることば，To err is human, to forgive divine.（過ちは人の常，許すは神の心）をもじったもの。

街を歩いていて，Closed Today『本日休業』，We're closed.『閉店しました』などの看板はよく見かけるが，こんな看板を出す店主もいるのです。

◆つぶれた店の貼り紙から
- A sign on the door of a bankrupt shop:
Opened by mistake.
『間違って開店してしまいした』

☞ 店主の性格が，お客さん相手の商売にはまったくむいていなかったということなのですかね。

掲示，標識，注意書きなどの意味を取り違えると，こんなことにもなる。

- Why did they go to the movie theater in a group of eighteen? The sign says, "Under eighteen not admitted."
「なぜ彼らは18人の団体で映画館に行ったのかな？」
「『18未満はお断わり』という注意書きがあったからだよ」

14 お笑いサイン物語

- Teacher: Why are you late to school every day, Jack?
  Jack: The sign down the street makes me late. It says, "SCHOOL——GO SLOW."

  「ジャック,君はどうして毎日,学校に遅れてくるのかな?」
  「その通りの下にある標識のせいなんです。『学校——ゆっくり行け』と書いてあります」

☞ この標識は『学校あり——徐行運転』の意。

掲示とそのすぐ下に書いてあった物騒な落書も紹介しておこう。

- At the school street crossing, there was posted a sign that read: "SCHOOL. GO SLOW. DON'T KILL A CHILD." Below the words a student had scrawled: "Wait for a teacher."

学校の前の通りの掲示：『学校　徐行運転　子供を殺すな』
この掲示の下にあった落書：『教師を待て』

☞ 代わりに教師を，では教師はたまったものではありません！

　ロンドンに行ったことがある人にとって馴染み深い掲示も紹介しておこう。これは実際にある掲示です。次のジョーク，ロンドンに行ったときに使ってみてはどうでしょうか。

- He went to London and tried to take the Underground. Seeing a notice DOGS MUST BE CARRIED ON THE ESCALATOR, he moaned to himself, "Where am I going to find a dog?

彼はロンドンに行き，地下鉄に乗ろうとした。『エスカレーターご利用の際はイヌを連れていなくてはなりません』という掲示を見て，いったいどこでイヌを見つけたらいいのかと悩んでしまったのだ。

☞ この掲示の本来の意味は『エスカレーターに乗る際はイヌを抱きかかえて下さい』ということ。二重の意味からくる誤解を利用したジョーク。

　少し長いが，次のジョークは東京在住の外国人に試してみてはどうだろうか。

● There were three hotels on the same block in Tokyo. Competition for business was quite fierce, so one day, one of the hotels put up a big sign in the front door:

BEST HOTEL IN TOKYO

A week later, the second hotel put up an even bigger sign:

BEST HOTEL IN THE WORLD

And a week after that, the third hotel put up a modest little sign that said:

BEST HOTEL ON THE BLOCK

東京の街の同じ区域に 3 軒のホテルがあった。商売の競争は熾烈だった。1 軒目のホテルが入り口のドアに『東京で最高のホテル』という大きな看板を出した。

その 1 週間後，2 軒目のホテルが『世界で最高のホテル』というより大きな看板を出した。

そのまた 1 週間後，3 軒目のホテルが『この区域で最高のホテル』という，控えめな小さな看板を出した。

☞ 小さくて地味な看板を出した 3 軒目のホテルが最高のホテルということになりますよね。

ジョークのオチを考えてみよう。　中級

A sign on a florist's truck:
Drive carefully — The next delivery may be yours.

(解説は 218 ページにあります。)

世界一バカバカしいサイン

　なんでもジョークにしてしまう英語圏の国々。ユーモアの守備範囲の広さは，出版されているユーモア本の多様さからも明らかだ。アメリカでもイギリスでも本屋には決まってユーモアのコーナーがある。そこには，ジョーク，ウイットなどの本はもちろんだが，「亭主の操縦法」「イヌが人間よりも賢い理由」「イヌを笑わせる方法」「政治家の大放言集」などの本が売られているのである。

　ぼくは店長とも親しい行きつけのロンドンの本屋で『世界一バカバカしいサイン』（*The World's Stupidest Signs*）という本を発見した。この本は架空のジョークの世界のサインとは違い，実際にあったサイン，つまり，看板，掲示，標識，貼り紙，注意書きなどを集めたものである。14章内でもいくつか紹介したが，さらに笑っていただこう。

◆修理屋のサイン

We repair what your husband fixed.

『当店は，お宅のご主人が直したものを修理します』

◆ベビー・カーの注意書きから

Warning: Remove child before folding.

『警告：折りたたむ前に，子供をどかしなさい』

◆スーパーマンの子供用の衣服の注意書き

This garment does not enable you to fly.

『この衣服を着ても空は飛べません』

15
ひと口ジョーク (3)

One-Liner 3

　数ある種類のジョークのなかでも、ひと口ジョークはかなり人気がある。短くて覚えやすいからだ。
　たとえば、ひと口ジョークの本のタイトルだが、*One-Liners for Speeches on Special Occasions* というのがある。ビジネスの場はもちろんのこと、誕生日、クリスマス、新年を祝うパーティー、結婚式など、ありとあらゆる状況、場面で使えるひと口ジョークが紹介されているのである。
　以下のジョークをそのまま、または皆さん自身で作り変えて、どうかどこかで使っていただきたい。

【やはり年には勝てないか】

老化の始まり

- You know you're getting older when your friends tell you you haven't changed a bit.

　友人が「あなたはちっとも変わらない」と言い出したら、あなたは年をとってきているということです。

☞ 江戸時代の狂歌に「いつ見てもさてお若いと口々にほめそやさるる年ぞくやしき」というのがある。お若いと言われるのは、実際は見かけ以上に年をとっていると判断されているからであ

り，そのことが残念でならないというのである。人間の心理は時代を超え，国境を越えるということですかね。

◆老化の初期段階
- The first sign of old age is when you still chase girls but can't remember why.
  老化の最初の兆候とは，いまだに女の尻を追いまわしているのに，なぜそうしているのか思い出せないことだ。

  ☞ まだ若いのにこの段階に達している人，今からでも気をつけてください。

◆目的の違い
- Barbers don't charge me for cutting my hair. They charge me for searching for it.
  床屋は，私の髪の毛を切るのに料金とるのではない。髪の毛を探すことに料金をとるのである。

  ☞ ぼくはこのジョークを好んで使う。それを聞いて笑わない人はいない。ということはつまり，ぼくの頭髪がどんな状態かおわかりだろう！

◆中年とは
- Middle age is the time when what sits on your knee isn't a young girl, it's your stomach.
  中年になるということは，あなたの膝の上に座っているのが若い女性ではなく，あなたのお腹になったということです。

☞「中年太り」ということばがありますからね。「太鼓腹」は，英語では potbelly といい，「ぜい肉」は口語表現で flab という。

❖入歯
● You're getting older when you sink your teeth into a steak and they stay there.
歯がステーキにくい込んで，はずれてしまうということは，あなたの老化がすすんでいるということです。

☞「入れ歯」は false teeth, 「総入れ歯」は dentures という。

【医者と患者，そして病院】

❖医者と患者 (1)
● Patient: I'm very sick, doctor──will you able to treat me?
  Doctor: Absolutely not──you'll have to pay like everyone else.
「先生，私は重症なんです。治療していただけますでしょうか？」
「絶対にダメだ。他の患者さんと同じように治療費を払ってもらわなくてはね」

☞医者と患者の会話が噛み合っていない。これは二重の意味を応用したジョークで，医者は treat を「無料で治療する」の意で解釈したということ。

❖医者と患者 (2)
● Doctor: Do you snore at night?

Patient: Only when I'm asleep.
「あなたは夜にいびきをかきますか？」
「眠っているときだけは」

☞ こういうジョークのコメントは不可能！しかも患者の返答が「正しい」のです。

◆医者と患者（3）
● Patient: Doctor, I feel funny today. What should I do?
Doctor: Become a comedian.
「先生，今日は気分がおかしいのです。どうすればよろしいでしょうか？」
「コメディアンになりたまえ」

☞ 日本語の「おかしい」と同様に，funny も「面白い」と「気分が変」との両方の意味で使えます。このお医者さんは，笑いの治癒力を信じていると思います。実は日本のお医者さんでプロ顔負けの咄家がいます。

◆病気の3段階
● The three stages of being sick: ill, pill, bill.
イル（病気），ピル（錠剤），ビル（請求書）

☞ 声に出して読み，語呂合わせを楽しむジョークです。

◆病院とは
● If hospitals are places to get well, why do they serve that food?

病院が病気を治すところだとしたら，どうしてあんなまずい食事を出すんだ？

☞ たしかに，病院の食事がおいしいという話は聞いたことがありません。

【ことば遊びを楽しもう】

❀ ことば遊び（1）
● Why is 6 afraid of 7?
Because 7 ate 9.
「なぜ6が7を恐れているのかな？」
「7が9を食べちゃったからさ」

☞ ate（食べた）と 8 (eight) の発音が同じ。子供用のジョーク。

❀ ことば遊び（2）
● No, Jack, a dogma is not a mama dog!
違うよ，ジャック，ドグマはママさんドッグじゃないんだよ！

☞ dogma は「教理，教義」などの意。

上のジョークにヒントを得て，こんなのも作れます。

❀ ことば遊び（3）
● No, Jack, a minimum is not a petite mum!
違うよ，ジャック，ミニマム（最小）は小柄なママじゃないんだよ。

☞ 日本語を習っている外国人に，My father is my mother.→「うちの父はわがママである」などという駄洒落を紹介してはいかがでしょうか。

◆ことばのとり違え——安全は危険？
● My baby swallowed a pin, but it was all right. It was a safety pin.
赤ん坊がピンを飲み込んじゃってね。でも大丈夫なんだ。安全ピンだから。

☞ 安全ピンといっても「安全」の意味がまったく違います！

◆ことばを変えればものも変わる？
● One of my friends is so old-fashioned. His favorite newspaper is USA Yesterday.
ぼくの友達でとても古いタイプの人間がいてね。お気に入りの新聞が

『USA Yesterday』だというんだから。

☞ 1983年に創刊されたアメリカの全国紙，*USA Today* をもじったもの。

※ ことばの暴力
● The only way to hurt a man with words is to hit him in the face with a dictionary.
ことばで人を傷つけるたったひとつの方法とは，相手の顔を辞典で殴ることである。

☞ たしかに，相手は「ことば」で傷つきます。アメリカの映画，『サウス・キャロライナ──愛と追憶の彼方』（*The Prince of Tides*）には，精神科医のバーブラ・ストライサンドが，患者のニック・ノルティに辞典を投げつけて怪我をさせるシーンがあります。ふつう，ことばの暴力といえば，暴言をはいたり汚いことばで相手を攻撃することですが，「辞典で殴る」という表現が笑いを誘います。

【政府，政治家，そして税金】

※ 政府のムダ使い
● I just figured out what's wrong with the economy. We're earning money five days a week and the government is spending it seven days.
経済のどこがいけないのかわかった。私たち国民は1週間に5日お金を稼ぐが，政府は7日間お金を使っているということだ。

☞ 選挙のたびに政治家は小さな政府を提唱し，「政府のムダ使いをなくす」と約束するんですがね。

◆ 政治家の脳を移植
● A politician's brain is perfect for transplant because it's never used.
政治家の脳は新品そのものなので，移植に最も適している。

☞ 頭を使って知恵を出さない政治家への痛烈な皮肉。

◆ 悪夢の4月15日
● Did you know that April 15 is the same day the Titanic went down?
あなたは4月15日が，タイタニック号が沈没した日と同じ日であることを知っていましたか？

☞ アメリカでは，4月15日が税金の確定申告をする日。税金のことが話題になったときに使えるジョーク。

【その他いろいろ】

◆ 生存競争
● The trouble with the rat race is that even if you win, you're still a rat.
ラット・レース（生存競争）で問題なのは，たとえ競争に勝ってもあなたがネズミであることに変わりはないことだ。

☞ これはアメリカの国民作家、マーク・トウェーン（Mark Twain [1835-1910]）が言ったもの。彼ならではのユーモラスで悲観的な見方ですね。

◆灼熱の効用
● I always enjoy a very hot day in the summertime in Tokyo. I buy a steak in a supermarket and by the time I walk back home it's cooked.
ぼくはね，東京の夏の異常な暑さをいつも楽しんでいるのさ。スーパーでステーキを買い，家に着いたころにはステーキができあがっているんだよ。

☞ 地球温暖化でますます……，というのでは困りますが。

◆庭仕事
● Gardening is very hard work. Seeding is believing.
ガーデニングはとてもきつい仕事。種を蒔くことは信じることである。

☞ 後半はことわざの Seeing is believing.（見ることは信じることである）をもじったもの。実際に，種を蒔いたからといって必ず結果がでるとは限りませんからね。

◆病気の花屋さん
● What do you send to a sick florist?
あなただったら，病気の花屋さんになにを送りますか？

☞ 短いジョークだが，確実に笑いを誘う。

◆ リサイクル
- Recycling is a mosquito biting Dracula on the neck.
  リサイクルとは，蚊がドラキュラ（吸血鬼）の首を刺し，血を吸うことである。

  ☞ ドラキュラは人間の血を吸っていますからね。

◆ 秘密保持の難しさ
- Jean: I heard that you can't keep a secret.
  Alice: I certainly can too! But the people I tell them to can't.
  「あなたは秘密を守れない人なんだってね」
  「絶対に守れるわ。でもね，私が話す人たちが守れないのよね」

  ☞ ということは，アリスは「これは秘密よ」などといってだれにでも話している！トルコのことわざに，「人は自分の友に秘密を話すが，その人にもまた友がいるのだ」というのがあります。またフランスには「2人の秘密は神との秘密，3人の秘密はみんなの秘密」ということわざがあります。

◆ 世界の不思議
- If the world keeps getting smaller, why does the cost of a postage stamp keep going up?
  世界がだんだん小さくなっているというのなら，どうして郵便切手の値上がりが続くのかなあ？

  ☞ 読者のなかに，日本のハガキが5円であった時代を知っている人は何人いるでしょうか？

15 ひとロジョーク (3)

◆ デリモートな事柄

● Never tell a bald man a hair-raising story.
ハゲの人に身の毛のよだつような話を決してしてはいけない。

☞ hair-raising を「髪が立つ」と解釈すれば，オチがよくわかりますよ。

◆ 悲しい物語

● One book that always has a sad ending is a checkbook.
いつも悲しい結末で終わるブックはチェックブックである。

☞ チェックブック（小切手帳）の残高が少ないということ。「不渡り小切手」は rubber check という。

◆ 灰皿とは

● Ashtray: A place to put ashes if you haven't got a floor.
灰皿：床がないときに灰を捨てるところ。

☞ アメリカでもイギリスでも，街を歩いているとタバコをポイと道に捨てる光景に出会うことが多い。ロンドンのパブでも灰皿があるのに，灰を床に捨てる人がいる。床，いや地面があればどこにでもタバコの吸い殻を捨てる行為を皮肉っている。

◆ 手袋の発見

● Mother: Why are you wearing only one glove, Ray? Did you lose one?
　Ray:　　No, I found one.

「レイ，どうして手袋を片方しかはめていないの？ なくしちゃったの？」
「ちがうよ。片方だけみつかったんだよ」

☞ ものは言いようです。実際にこういうことはあるでしょうね。

ジョークのオチを考えてみよう。 中級

Why is the farmer famous?
Because he's outstanding in his field.

(解説は218ページにあります。)

おおいなるユーモア感覚の違い！

　英語を母語とする人たちとジョークを言い合っていると，日本人と彼らのユーモア感覚とのあいだには深い溝があることを痛切に感じる。日本人にとって，実にくだらないナンセンスなことを，アメリカ人やイギリス人は無邪気によく笑う。ぼくの体験例を紹介しよう。皆さんはどう感じるだろうか。

　昨年の秋，ぼくは大学祭の期間を利用してロンドンに行った。ぼくはジョークを言い合う相手をパブで探す。観光客であることがわかると，彼らが決まって聞いてくるのは「今日はロンドンのどこを訪ねたか」ということである。

　ぼくは54歳のイギリス人の女性とビールを飲みながら世間話をすることになった。やはりいつもの質問をしてきたので，トラファルガー広場に行ったぼくは，I couldn't stand on the top of Nelson Column because I'm not a pigeon.（ぼくはハトではないので，ネルソン提督の像の上には立つことができませんでした）と言った。彼女は大笑いして，飲んでいたビールをこぼしそうになった。

　日本人どうしならこんなジョークは言えない。あまりにもバカバカしくて，日本人ならこれをジョークとはいわないであろう。うっかりこの種のことを言ったらそれこそ常識を疑われるだろう。

　ところが英語圏の人々は，ジョークはバカバカしければバカバカしいほどいいという価値観を持っているように思われる。ちなみに，ネルソン像の円柱の高さは約50メートル。やはり，ハトでないとてっぺんに立てないのです！

16
陽気な生き物たちの世界

英語のジョークの世界には地球上に生存するありとあらゆる生き物たちが登場する。いや，現に生存する生き物ばかりではない。絶滅したマンモス，恐竜だって登場する。

動物ではゾウはもちろんのこと，馬，牛，熊，ライオン，カンガルー，サル，キリン，イヌ，ネコ，ネズミなどが登場する。哺乳類ばかりではない。タコ，イカ，爬虫類，昆虫，さらには植物だって登場する。

これらの生き物たちは，ジョーク，なぞなぞ，だじゃれなどの形をとり，笑いの対象になっているのである。ぼくはこの現象に，英語を母語とする人たちの国民性が最もよく表れていると思う。端的に言えば，心の余裕であり，笑いを愛し，ことば遊びを楽しむことが好きなのである。

【悩めるヘビ】

外国人に対して，「ぼくは蛇が嫌いだ。蛇が笑っている顔を見たことがないから」と言うと，たいていの外国人はよく笑う。これは，ぼくにとっては真面目な話。ぼくは巳年なのに，蛇という語感もいやだし，実際に蛇を目にするのはもちろん，図鑑でその姿を見ただけでも，とたんに全神経が麻痺してしまうような感覚に襲われるのだ。

ところが，蛇の親子の次の会話を読んで，ぼくは大嫌いな蛇に愛着を感じてしまったのだ！

- Baby snake: Mom, I'm glad I'm not poisonous.
  Mom snake: Why?
  Baby snake: Because I just bit my tongue.
  「お母さん，ぼくは毒蛇じゃなくてうれしいよ」
  「どういうこと？」
  「だって，いま舌を噛んじゃったんだもの」

  ☞ 実際には，蛇が舌を噛むということはないでしょうね。ただし，強力な毒をもつマムシもハブに噛まれると死にます。

【カンガルーの悩み】

次はカンガルーに登場してもらおう。実は，カンガルーの母親には人間と共通した悩み事があるのです。

- Two kangaroos are talking to each other, and one says "Gee, I hope it doesn't rain today. I just hate it when the children have to play inside."
  2匹のカンガルーの母親がお互いに話をしている。「まったくうんざりだわね，今日こそ雨にならなければいいわね。子供たちが中でばかり遊ぶのがいやなのよね」

  ☞ カンガルーは有袋類の動物。雌の腹には袋（pouch）があって，生まれた子をそこで育てます。「中」とはもちろん袋の中です。

カンガルーにまつわるなぞなぞも紹介しておこう。

● What do kangaroos wear in winter?
  Jumper.
  「カンガルーは冬になにを着るのかな？」
  「ジャンパー」

  ☞ jumper の「セーター」の意味と「跳躍者」の意味とをかけている。カンガルーは１回のジャンプで７〜８メートルも跳ぶという。ちなみに日本語のジャンパーは jacket という。

16 陽気な生き物たちの世界

【ネズミの知恵】

　生物実験に使われるネズミは，実はこんなことを考えているのかもしれない。ネズミどうしの会話である。

● Mouse A: I finally got that young female scientist trained.
　Mouse B: How so?
　Mouse A: Every time I go through that maze and ring the bell, she gives me something to eat.

「ついに，あの若い女の科学者を手なずけたぞ」
「どうやってだい？」
「迷路を通り抜けてベルをならすたびに，餌をくれるのさ」

　こともあろうに，ネズミがツイストを踊っているのには，それなりの訳がありました。

● A mouse was dancing on top of a jar of jam.
Another mouse came along and asked him why he was dancing.
"Can't you read?" replied the first mouse. "It says, 'Twist to Open.'"

ネズミがジャムの入っている容器の上でダンスをしている。ほかのネズミがやって来てその訳をたずねると，「おまえは字が読めないのか，『開けるにはツイスト』と書いてあるじゃないか」と答えたのだ。

　☞twist には「ねじる」と，ダンスの「ツイスト」の意味があり，それを応用したジョーク。

これまでのネズミにまつわるジョークはまだ序の口。こんなにも手のこんだことをする高度な頭脳をもっているネズミ（？）もいるのです。

- A man bought a mousetrap, but he discovered that he had no cheese left. So he put a picture of some cheese in the trap. The next morning he went to the trap to see if it had caught anything. The picture of the cheese was gone. In its place was a picture of a mouse.

　男はネズミ捕り器を買ったが，餌としてのチーズがなかった。それで，チーズの写真を罠に入れておいた。翌朝，たしかめに行くと，チーズの写真

がなくなり，ネズミの写真があった。

【ネコは頭がいい】

　天才的なネズミがいれば，天才的なネコだっている。ぼくのアメリカ人の友人はニューヨークの狭いアパートで8匹のネコを飼っている。彼によれば，ネコはイヌよりもはるかに頭がいいという。その訳とは，

- Cats are smarter than dogs. You can't get eight cats to pull a sled through snow.
  ネコはイヌよりも頭がいい。8匹のネコを手に入れて，雪の上でそりを引かせることはできない。

☞ 鞭を背中に受けながら必死になってソリを引く，いや，引かざるをえない北極犬の姿はお気の毒ですよね。

ところで，イヌは呼べばすぐにとんでくるが，ネコはそうはいかない。これにまつわるジョークもあるのだ。

- My child is like my family cat. Neither of them will come when I call.
  うちの子供はネコと同じだ。呼べども来やしない。

ネコにまつわるなぞなぞ，駄洒落なども紹介しておこう。

- Where do cats like to go for vacations?
  The Canary Islands.
  「ネコは休暇を取ってどこに行きたいのかな？」
  「カナリア諸島」

  ☞ 小鳥のカナリアとカナリア諸島とをかけている。カナリア諸島はアフリカ北西海上の諸島。

- What's a cat's favorite catchphrase?
  Have a mice day.
  「ネコのお気に入りのキャッチレーズはなにかな？」
  「良いネズミの日を」

  ☞ 日常的によく使われる表現，Have a nice day.（よい一日を）をもじったもの。

16 陽気な生き物たちの世界

- What's a cat's favorite TV show?
  The Evening Mews.
  「ネコのお気に入りのテレビ番組はなにかな？」
  「イヴニング・ミューズ」

  ☞ Evening News をもじったもの。mew はネコの鳴き声の擬音。

- What's a cat's favorite theatrical performance?
  The Mousetrap.
  「ネコのお気に入りの演劇はなにかな？」
  「マウストラップ」

  ☞『マウストラップ』は演劇作品で，50年以上もロンドンの劇場で上演されている。アガサ・クリスティ原作。

- How do you know that cats are sensible creatures?
  They never cry over spilt milk.
  「ネコが分別のある生き物であることがどうしてわかるんだい？」
  「ミルクがこぼれたって，決して泣かないからさ」

  ☞ ことわざ，It is no use crying over spilt milk.（こぼれたミルクのことを嘆いても始まらない：覆水盆に返らず）を応用したもの。

【イヌは噛みつかない？】

最後にイヌに登場してもらおう。イヌについては，アメリカの国

民作家，マーク・トウェーンがおもしろいことを言っている。

- If you pick up a starving dog and make him prosperous, he will not bite you; that is the principal difference between a dog and a man.
  飢えているイヌを拾い十分な餌を与えれば，イヌは決して嚙みつかない。このことがイヌと人間の決定的な違いである。

  ☞ なるほど！人間の場合にはきちんと育てても，子供が親に嚙みついてくることがありますからね。

　偉大なるマーク・トウェーンに嚙みつく気持ちはさらさらないけれど，イヌといえばまず吠える，そして嚙みつくイヌもいる。

- They say barking dogs never bite. I know it, but does the dog know it?
  吠えるイヌは決して嚙みつかないという。私はこのことを知っているが，はたしてイヌは知っているのかな？

  ☞ 前半はことわざ，Barking dogs seldom bite.（吠えるイヌはめったに嚙まない）を応用したもの。イヌが嫌いなぼくにはこの人の不安な気持ちがよくわかります！

　残念なことだが，近年日本では警察官の不祥事が続発している。また，犯罪検挙率が20％を割ったというニュースを新聞で読んだ。それで，いま警察のなかでいちばん頼れるのは警察犬である，とジョークにする人もいる。

16 陽気な生き物たちの世界

- Fred: My dog is a police dog.
  Ted: He doesn't look like a police dog to me.
  Fred: That's because he's in plain clothes.
  「ぼくのイヌはね，警察犬なんだよ」
  「警察犬には見えないな」
  「私服警察犬だからだよ」

　イヌは飼い主に似てくるとはよく言われることだ。本当にそうなのかもしれない。

- My dog must have been bred by a plumber. He never comes when I call him.
  私のイヌは配管工に飼育されたにちがいない。呼んでも決して来ない。

  ☞ 欧米では人気がありますが，日本人にはわかりにくい配管工にまつわるジョークについては，詳しくは0章または『英語ジョークの教科書』の「呼べども来ない配管工」を読んでいただければ幸いです。

　イヌにまつわるやさしいなぞなぞも紹介しておきましょう。小学生でもわかります。

- What kind of dog has got no tail?
  A hot dog.
  「しっぽのないドッグとは？」
  「ホット・ドッグ」

- What's the only kind of dog you can eat?
  A hot dog.
  「食べることのできるたったひとつのドッグとは？」
  「ホット・ドッグ」

【ジョークの動物園にようこそ】

◆トラ，ヒョウ，どちら？
　マイケルは動物がとても好きです。動物園で飼育係の人にこんな質問をしたのです。

- Michael:　I wonder what that tiger would say if it could speak?
  Attendant: It would probably say, "I'm not a tiger, I'm a leopard."
  「あのトラ，話ができるとしたら，どんなことを話すのでしょうか？」
  「『私はトラではなく，ヒョウです』と言うと思います」

☞トラとヒョウの区別，みなさんはできますよね！

◆豚が空を飛べば
- What happens when pigs fly?
  The price of bacon goes up.
  「豚が空を飛べばなにが起こるかな？」
  「ベーコンの値段が上がります」

☞英語には不可能なことのたとえとして，Pigs fly in the air

with their tails forwards.（豚が尻を前にして空を飛ぶ）ということわざがある。だから，「ベーコンの値段が上がる」という答えが笑いを呼ぶ。日本では，人間はおだてられると弱いということで，「豚もおだてりゃ木に登る」ということばがありますね。

❖スカンクの哲学
スカンクの特徴はなんといってもあの強烈な臭い。悪臭によって敵を攻撃する。

● I stink, therefore I am.
われ臭う，ゆえにわれ在り。

☞ フランスの哲学者，デカルト（René Descartes [1596-1650]）の有名なことば，「われ思う，ゆえにわれ在り」（I think, therefore I am.）をもじったもの。ジョークには，このデカルトのことばのもじりが多くある。たとえば，I drink, therefore I am.（われ飲む，ゆえにわれ在り）というふうに。

❖ハトとライオン
動物園では動物に餌を与えるのが禁じられています。日本の動物園では「〜に餌を与えないで下さい」というような丁寧な表示が多いのですが，たとえばニューヨークのブロンクス動物園では，「餌を与えた場合には罰金」という表示が目立ちます。
それでは動物園にまつわるリサとサムの会話を楽しみましょう。

● Lisa: My brother was arrested at the zoo.

Sam: Arrested? What was he doing?
Lisa: Feeding the pigeons.
Sam: But——what's wrong with that?
Lisa: He was feeding them to the lions.

「お兄ちゃんがね、動物園で逮捕されちゃったの」
「逮捕されたって？ なんで？」
「ハトの餌をやったんだ」
「ハトに餌をやってなにがいけないんだい？」
「ハトを餌としてライオンにやったんだよ」

☞ feed には、feed A で「A に餌をやる」と feed B to A で「A に B を餌として与える」という用法があり、その違いをうまく利用している。

ジョークのオチを考えてみよう。　**初級**

What is the wettest kind of animal?
A reindeer.

(解説は 218 ページにあります。)

ジョークについてもっと知りたい

16 陽気な生き物たちの世界

おイヌさまさま

　アメリカの大学生は夏休みの間，徹底してアルバイトをする。この時期のアルバイトを summer job と呼んでいる。ぼくもニューヨーク大学に通っていたときには，エレベーター・オペレーターの仕事をした。ぼくが働いていたマンションは 48 階建ての超高級分譲マンションで，お金持ち，多くの有名人が住んでいた。歌手，女優，映画監督をこなすバーブラ・ストライサンドも住んでいた。

　もちろん，エレベーターは自動であり，だれだって希望の階数のボタンさえ押せばそれでいい。しかし，このマンションではドアマンのほかに，3 交替制でエレベーター・オペレーターを雇っていたのである。制服も提供された。

　住民が外出先から帰ってきて荷物をかかえているときには，May I help you?（お手伝いいたしましょう）と言って，荷物をもってやる。エレベーターのなかに人が入ってきたときには，すかさず，May I ask your floor?（何階でしょうか）と聞く。ベテランのオペレーターは相手の顔を見ただけで，その人が何階に住んでいるかがわかる。だから，すぐにボタンを押す。このことが住民にとって悪い気がしないことを，ぼくは発見した。また，ベテランのオペレーターがなにかとチップをもらえることも発見した。

　問題はどうやって多くの住民の顔と階数を直結させて覚えるかだ。アメリカ人の顔の特徴を記憶するには時間がかかる。そこで，ぼくは考えた。幸い，多くの人がイヌを連れている。しかも，イヌは化粧をしたり，鬘（かつら）をかぶったりはしない。ぼくはイヌの特徴と階数を詳細に手帳に書き込んだ。そして，それを暗記したのである。

180

17
ゾウさんは，お鼻が長いのね

Chuckle
フフッ

　ゾウは，陸上ではいちばん大きな動物だ。アフリカゾウの大きな牙は長さ3メートル以上あり，牙だけでその重さ130 kgもある。体重は6トンにもなる。そして，ゾウは動物園の人気者。ゾウのまわりには，いつも人だかりができる。

　さて，英語のジョークにはさまざまな動物が登場するが，そのなかで，ゾウは圧倒的な地位を占めている。ゾウは動物園だけでなくジョークの世界でも人気者なのである。だから，ジョークの分野には，エレファント・ジョーク（elephant jokes）というのがある。

　とにかく，ゾウは大きい。百獣の王ライオンでさえもゾウには手を出さない。耳も大きい。そして，あの長い鼻。この鼻でピーナッツ1個を拾いあげることができるというから，その器用さには驚きだ。ところが，一方で細くて短いあのシッポ。ゾウの姿そのものが，なぜか滑稽でユーモラスなのである。

　英語を母語とする人たちに対して，単に「エレファント・ジョーク」と言っただけで，彼らは笑みを浮かべる。小さいころから知っているゾウのジョークを思い出すのであろう。エレファント・ジョークと幼年時代が二重写しになっているのである。

　エレファント・ジョークは子供向けのジョークが多い。まず，いくつかの最もポピュラーなものから紹介しよう。ナンセンスと思われるかもしれないが，よく知られ決まり文句のようになっている。

- How do you know when there's an elephant under your bed?
  Your nose touches the ceiling.
  「ゾウがベッドの下にいること，どうしてわかるのかな？」
  「鼻が天井にくっつくから」

  ☞ あまり意味に悩まないでください。ゾウは大きいのです！

- What is big and gray, and loves curry?
  An Indian elephant.
  「大きくて，灰色で，カレーが好きなものはなにかな？」
  「インドゾウ」

  ☞ これはなぞなぞでもある。カレーはインドを中心とする東南アジア地域の土着の料理なので。

- What was the elephant doing on the freeway?
  About five miles per hour.
  「ゾウが，高速道路でなにをしていたのかな？」
  「時速5マイル（約8キロ）で走っていました」

  ☞ freeway（高速道路）。イギリス英語では motorway という。高速道路で時速5マイルという言い方が笑いを誘うようだ。

　二重の意味をもたせることによって，笑いを誘うこんなジョークもある。

- Tom: I have to write an essay on an elephant.

Jim: You'll need a ladder.
「ゾウのことを，作文に書かなくてはならないんだ」
「ハシゴが必要だね」

☞ トムは前置詞の on を「〜について」の意味で使ったのにたいして，ジムは「〜の上で」と解釈したわけだ。ジョークを利用して前置詞の勉強にもなる。

人を食ったこんなジョークまである。

● What's the difference between an elephant and a banana?
Have you ever tried to peel an elephant?
「ゾウとバナナの違いはなにかな？」
「あなたは，ゾウの皮をむいたことがありますか？」

● How do you get four elephants in a minicar?
Two in the front, two in the back.
「4頭のゾウをどうやって小型自動車に乗せるのかな？」
「前の座席に2頭を乗せて，後の座席に2頭を乗せる」

☞ これは典型的なエレファント・ジョーク。物理的にはまったく不可能なこと。だから，笑いを誘発する。だが，論理的には筋がとおっている。つまり，4頭なので前後の座席に2頭ずつ乗せるということ。

ゾウにまつわるブラック・ユーモアも紹介しておこう。

- Why did the elephant walk on two legs?
  To give the ants a chance.
  「ゾウは、なぜ2本足で歩いたのかな？」
  「アリたちに、(踏まれない) チャンスを与えるためさ」

　生徒が授業中に、紙をまるめて窓から投げているので、先生はその訳を問いただした。

- Teacher: Jeff, why do you keep throwing paper balls out of the window?
  Jeff: To keep the elephants away.
  Teacher: But there aren't any elephants around here.

Jeff: See!

「ジェフ，どうして紙をまるめて窓から投げているんだい？」
「ゾウを追い払うためです」
「こんなところにゾウなんかいないじゃないか」
「追い払っているからいないんですよ！」

☞ このジョークは，See!（ほらね，それ見たことか）の解釈がカギになる。

　エレファント・ジョークは基本的には子供用のジョークなのだが，なかにはこんなものまである。

● What did the elephant say to the naked man?
　It's cute, but can it pick up peanuts?

「ゾウが素裸の男になんと言ったのかな？」
「かわいいなあ，でも，それでピーナッツを拾えるのかな？」

☞ 試さないでください……。

ジョークのオチを考えてみよう。　**上級**

Why do elephants lie in the sun?
Because no one likes a white elephant.

（解説は218ページにあります。）

ジョークについてもっと知りたい

動物園あれこれ

　ぼくはロンドンに行くと，かならず動物園に行く。ロンドン動物園は長い歴史を誇る。デシマス・バートンが設計し，1828年に開園した。その後，世界の動物園のお手本となった。上野動物園のゾウ舎などもロンドン動物園を模範にしてつくられたのである。

　今でこそ，動物園をさすZooという語が世界的な広がりを見せているが，もとはといえば，ロンドン動物園の愛称だったのである。動物のなかには，中世から近世にかけてロンドン塔で飼育されていた動物の子孫もいるというから驚きだ。さすがは伝統を誇るイギリスなのである。

　ニューヨークでは，ブロンクス動物園に行く。大規模な動物園で，ここでは4000種以上の動物が飼育されている。一度だけライオンに餌をやるところを見たことがある。かなり慣れた飼育係で，ライオンがその人の顔を見ただけで浮き浮きしているのである。

　飼育係はすぐに肉をやらず，頭をなでたり，ポンと叩いたりするがライオンは決して噛みつかない。そこで，ぼくは思った。ライオンにとって，毎日肉をもってきてくれるこの飼育係は，まさに「命の恩人」なのであろう。

　さて，動物園にまつわるジョークといえば，アメリカのユーモア作家，オリバー・ハーフォード（Oliver Herford [1863-1935]）のものが最高であろう。

Zoo: a place devised for animals to study the habits of human beings.（動物園とは，動物たちが人間の習性を観察するために考案された施設のことである）

18
ひと口ジョーク（4）

> One-Liner 4

　アメリカのコメディアンたちはたいていひと口ジョークの達人である。機転の速さで定評のあったコメディアン，ヘニー・ヤングマン（Henny Youngman [1906-1998]）の最も有名なひと口ジョークに，Take my wife, please.（どうぞ私の妻を連れていってくれ）というのがある。

　このひと口ジョークはおおいに流行ったし，いまだに語りぐさになっている。ひょっとしたら，多くの既婚男性の心の奥にひそむ願望を代弁してくれているのかもしれない。

【結婚，離婚，そして浮気】

結婚とは（1）
- Marriage teaches you loyalty, patience, mutual understandings and many other things you wouldn't need if you'd stayed single.

　結婚は忠誠，耐えること，お互いに理解しあうことなど，独身のままでいたなら必要がなかったであろう，多くのことを教えてくれる。

☞ 要するに，共同生活のわずらわしさを言いたいのである。中国のことわざに「結婚は包囲された塞（とりで）と同じで，外にいる者は入りたがり，中にいる者は出たがる」というのがある。

◆結婚とは (2)
- Marriage is nature's way of keeping people from fighting with strangers.

  結婚とは見知らぬ人たちとのケンカを避けるための自然の摂理なのである。

☞ 結婚によって夫婦の間だけでケンカが済み（？）ますから。

◆結婚と死
- Tom said he would die if Mary didn't marry him and, sure enough, he did——fifty years later.

  かつてトムは，メアリーが結婚してくれなければ死んでしまうと言った。それから50年が過ぎ去り，たしかにトムは死んだ。

☞ トムは老衰により死んだのでしょうね。メアリーと結婚していたら，もっと早く死んでいたのかも……。

◆新婚サラダとは
- What's in a honeymoon salad?
  Lettuce alone!

  「新婚旅行サラダに入っているものはなにかな？」
  「レタスだけ！」

☞ Let us alone!「2人だけにして！」とのしゃれ。発音が似ている。

◆重婚の罪
- The worst thing about bigamy is that you get two mothers-

in-law.
重婚で最悪なのは，2人の義理の母をもつということです。

☞ 国によっては，いまでも一夫多妻が認められているところがありますが，そういう国では，義理の母と娘婿との関係はどうなっているのでしょうかね。

離婚扶養料
● Alimony is like putting gas into another man's car.
離婚扶養料は他の男の車にガソリンを入れるようなものだ。

☞ アメリカでは，離婚扶養料が裁判の結果により決まることが多い。ぼくのアメリカ人の友人は真面目な顔をして「貧乏だから離婚ができない」と言ってました。

浮気がバレない秘策
● I found a pretty young girlfriend with the same name as my wife. If I talk in my sleep, I'm safe.
オレはなあ，女房と同じ名前のとても若いガールフレンドを見つけたんだ。寝言で彼女の名前を言ったって，絶対にバレないさ。

☞ ただし，普段は女房を呼び捨てにしている人は，寝言でも他の女の人の名前に「～さん」「～ちゃん」と言わないように気をつけないといけないですね。

恋とは
● When a young man in love asks for advice, he is no longer

in love.
恋をしている若い男が助言を求めるのは，彼はもはや恋をしていないということだ。

☞「人は恋をすると賢明ではありえず，賢明であれば恋することはできない」という名言があります。

【スポーツあれこれ】

◆ サッカー・熱狂的ファン
● I know some football fans who always buy two seats――one to sit in and one to use as a weapon when a fight breaks out.
ぼくはね，いつもチケットを２席買うサッカー・ファンを何人か知っているよ。ひとつは座席として，もうひとつは暴動が起きたときに武器として使うんだ。

☞ そういえば，観客による暴動が起こったことへの措置として，観客を入場禁止にしたサッカーの試合もありました。

◆ ゴルフの秘訣
● The secret of golf is to hit the ball hard, straight, and not too often.
ゴルフの秘訣，それはボールを強く，まっすぐに打つこと，そしてそう何度もこれをやらないこと。

☞ ひとつのボールにしょっちゅうこれをやるということは，スコアが悪くなることですからね。「飛ばしたければ，ゆったり振

れ」という名言を吐いたのは，往年の名ゴルファー，ジャック・ニクラウスでした。

ヨットとは

- A yacht is a floating box you throw money into.
  ヨットとは，あなたがお金をじゃぶじゃぶ注ぎ込む浮かぶ箱です。

☞ ぼくの飲み仲間にヨットをもっている社長さんがいますが，「ヨットは金食い虫だ」などと嘆いています。

ボクシング

- I hate boxing. I don't understand any sport where a guy who makes $10 million is called "loser."
  私はボクシングが嫌いでね。1000万ドル手に入れても「敗者」だなんて，そんなスポーツあるかよ。

☞ たしかに，世界ヘビー級のタイトル・マッチともなると，負けても巨額のファイト・マネーを手にすることができます。1971年，モハメッド・アリはジョー・フレイザーと闘って破れましたが，そのときのファイト・マネーは250万ドルでした。当時の為替レートで換算すると8億円にもなる！

ウォーキング

- They say that walking is good exercise, but did you ever see a postman as well built as a truck driver?
  ウォーキングはいい運動だといいますが，あなたはトラックの運転手のような均整のとれた体をしている郵便配達人を見かけたことがありますか？

☞ イギリスでは郵便配達をする人は、毎日歩いて配達をしています！にもかかわらず、太っている人を結構見かけます。

【弁護士の仕事とは】

◆ 弁護士と犯罪
- Ted:　I'm a criminal lawyer.
  Mark: Thank you for being so frank.
  「私は犯罪弁護士です」
  「率直に言ってくれてありがとう」

☞ 二重の意味を利用したジョーク。「刑事事件を担当する弁護士」と「犯罪を犯した弁護士」の両方に解釈できます。もちろん、マークは後者の意味で解釈しているわけです。

◆ 弁護士と画家
- Lawyers and painters can soon change white to black.
  弁護士と画家はすぐに白を黒に変えることができる。

☞ デンマークのことわざより。画家を引き合いに出して、口八丁手八丁の弁護士を揶揄している。

◆ 2人の弁護士と農夫
- A farmer between two lawyers is like a fish between two cats.
  2人の弁護士にはさまれた農夫は、2匹のネコにはさまれた魚のようなものだ。

☞ スペインのことわざより。この農夫の命は絶体絶命ですよね。

【フィクションとは】

◉ フィクション (1)
- Do you have the book on the government's plan to lower taxes?
  It's in the fiction section.
  「この本屋さんには，税金を下げるという政府の案についての本がありますか？」
  「フィクションの部門においてあります」

  ☞ 英語の fiction には「ウソ」という意味があります。政府の案はウソだということになります。ですから，フィクションの部門においてあるわけです。

◉ フィクション (2)
- Kay:　　My husband writes fiction.
  Doris: My husband speaks it!
  「私の夫はねえ，フィクション（小説）を書いているのよ」
  「私の夫はねえ，フィクション（ウソ）を言うの！」

  ☞ 英語では「それはまったくのウソだ。」を，It's a fiction. といいます。

【日常生活いろいろ】

◆ 3つの L とは

- All I need to enjoy life are the three "L's": Love, Laughter and winning the Lottery.

  人生を楽しむために必要な3つの L：Love（愛），Laughter（笑い），そして Lottery（宝くじ）を当てること。

◆ あくびとは

- A yawn is silence with the mouth wide open.

  あくびとは口を大きくあけた沈黙である。

☞ 教師ならば授業中に大声で言ったり，板書したいジョークです！

◆ 古典とは

- A 'classic' is a book which people praise but don't read.

  古典とは，人が賞賛はするが読みはしない本のことである。

☞ これはマーク・トウェーンのことば。もっとも日本には「積ん読」という大変高度な（？）読書技術があります。

◆ おばあちゃん

- My grandma no longer wears her nightcap——she drinks it.

  うちのおばあちゃんはもうナイトキャップなんかかぶらない。ナイトキャップ（寝酒）を飲んでいるよ。

☞ nightcap の二重の意味を楽しむジョークです。

18 ひと口ジョーク (4)

◆パブでの出来事
- A young girl goes up to an old man in a pub and says, "I'll do anything for a hundred dollars." The old man says, "Great. Paint my house."

パブで若い女が老齢の男に近寄り,「100 ドルくれれば,なんでもするわ」と言った。すると,その老人は「それはありがたい,家のペンキを塗ってくれ」と言った。

☞ このジョーク,自分が老人になり代わってパブで使ってみてはどうでしょうか。爆笑の渦がわくでしょう。

◆最も単純なこと
- The simplest things are often the hardest to grasp——like soap in a bath.

どんなに単純なことでも,つかむのがとても難しいことってよくあるよね。たとえば,お風呂場の石鹸とか。

☞ このジョークは,後半はちょっと間をおいてから言うと効果があります。

ジョークのオチを考えてみよう。　**中級**

Why did the English teacher go to the optician?
Because she had bad pupils.

（解説は 219 ページにあります。）

外交官はカメレオンになれ

　外交官ほど複雑でむずかしい仕事はない。つねに相手のあることだし，それぞれの国益と国益が真正面から衝突する。相手の思惑を読み合う虚実入り乱れる外交の世界では，ジョークのような格言が是とされるのだ。

Diplomacy──Lying in state.（外交とは威風堂々とウソをつくことである。）

　これは，先にジョークを紹介したオリバー・ハーフォードの言葉だが，手短に外交の本質をズバリと指摘した名言である。
　ノーベル平和賞を受賞したカナダの首相，レスター・ピアソン (Lester Bowles Pearson [1897-1972]) は「ウソ」という言葉こそ用いてはいないが，本質的に同じことを言っている。

The chief distinction of a diplomat is that he can say "no" in such a way that it sounds like "yes."（卓越した外交官というのは「イエス」と思わせておいて「ノー」と言える外交官である。）

　最後にマーク・トウェーンの「外交論」を紹介しておきたい。

The principle of give and take is the principle of diplomacy ── give one and take ten.（公平な条件下でのやりとりの原則が外交の原則である。すなわち，1を与えたら10を取ることである。）

前半の論理と後半の論理のおおいなる矛盾。これぞ，駆け引きが避けられない，外交というものの真髄なのであろう。

19
政治リーダーとユーモア

Grin
ニヤッ

　とくに欧米諸国の政治家と比較して日本の政治家はユーモア感覚に欠けるとか，ずばりユーモアがないなどと言われてきたが，残念ながら数人の例外を除いて，一般的には当たっているようだ。

　内政問題であれ外交問題であれ，その処理にあたっては政治家は卓越した策略家でなければならないが，同時にすぐれたユーモア感覚が必要であろう。つまり，その場の状況次第で臨機応変にジョークやウイットが言えるということである。

　ジョークというものではないが，当意即妙な受け答えの好例として，次のやり取りを紹介しよう。

　ケネディ（John Fitzgerald Kennedy [1917-1963]）大統領と池田勇人（1899-1965）首相がホワイト・ハウスで会談したときに，ケネディは「日本と戦ったときに背中を痛めてしまいましてね」と言ったというのだ。それに対して，池田は即座に「私は広島の生まれです」と応えたというのである。

　ケネディが負傷したのも池田が広島県で生まれたのも本当のこと。ケネディにしてみれば，会談に先だってボクシングに喩えるならば軽く相手にジャブをかましたつもりなのだろうが，逆にクロスカウンターをくらってしまった。池田にしてやられたと苦笑するケネディの表情が目に浮かぶような逸話である。

　結果的にこの池田のウイットに富んだ対応をきっかけに，お互いに腹を割った有意義な会談が行われたにちがいない。

19　政治リーダーとユーモア

　ユーモアの感覚という点では，やはりアメリカの大統領は断然すぐれている。まずは第35代大統領ケネディから。これは1961年5月8日，宇宙飛行士アラン・シェパード・ジュニアを表彰するためにワシントン式場で行われた演説の一部である。

● I think we'll give them all a hand. They are the tanned and healthy ones; the others are Washington employees.
われわれは宇宙飛行士のみなさんのすべてに祝賀の握手をしたいと思います。彼らは日焼けして健康的です。そうでない人たちはワシントンの役人たちです。

　☞ これを聞いた聴衆や記者団からは爆笑の渦がわき拍手が鳴り止まなかった。それもそのはず，1960年代は，アメリカは旧ソ連に宇宙開発では圧倒的な差をつけられていた。当意即妙なケネディのジョークで国民の鬱積した気持ちがいっぺんに吹き飛んだのでした。

　第38代大統領のジェラルド・R・フォード（Gerald Rudolph Ford, Jr. [1913-2006]）は，選挙の洗礼を一切受けなかった唯一の大統領だがジョーク史に残る名演説をしている。

● I am a Ford, not a Lincoln.
私はフォードであって，リンカーンではありません。

　☞ こともあろうに，フォードは就任演説でこんなジョークを言ったのです。リンカーンは高級車だが，フォードは大衆車。そしてどちらも大統領の名前。自分は「大衆のための政治家」であ

ることをアピールするための見事なジョークです。長々と釈明するよりジョークのほうが威力を発揮するのです。

　さて，この章から第40代大統領レーガンをはずすわけにはいかない。当意即妙，臨機応変，間髪を入れずに出てくるジョークに追随できる者はいないだろう。
　レーガンは，a master of the one-liner（ひと口ジョークの名人）などといわれていた。アメリカの大統領すなわち軍の最高指揮者でありながら，こんなジョークをとばしたのである。

● How was I to know that the B-1 was an airplane? I thought it was vitamins for the troops.
B-1が飛行機だなんて知ってるわけないじゃないか。B-1は軍隊用のビタミン剤かと思ったよ。

☞ B-1はアメリカ軍の爆撃機。どうですか，このとぼけぶり。

　1980年の大統領選では，ジミー・カーターとの一騎打ちだったが，レーガンはまさに地滑り的な圧勝であった。ひょっとしたら，レーガンのこんなジョークが効を奏したのかもしれない。

● Recession is when your neighbor loses his job. Depression is when you lose yours. And recovery is when Jimmy Carter loses his.
あなたの隣人が職を失うときは不景気。あなたが職を失うときは大不況。そして，ジミー・カーターが職を失うときは景気の回復。

☞ 絶妙なオチ。いやはや恐れ入りました。この種のジョークとなると，日本の政治家は逆立ちしてもかなわないのではないでしょうか。でもいつの日か自民党の党首と民主党の党首がこんなジョークを使って論戦できる日がくることを期待しましょう！

さて，大勝利に酔っていたレーガンだったが，ジョークの世界はこれを黙視することはない。コメディ界の大御所，ボブ・ホープ（Bob Hope [1903-2003]）が一矢を放った。

● Ronald Reagan is not a typical politician because he doesn't know how to lie, cheat and steal. He always had an agent for that.
ロナルド・レーガンはありふれた政治家ではない。なぜなら，彼はどうやってウソをつくのか，だますのか，盗むのかを知らないからだ。彼はいつもこれらのことをエイジェント（代理人）にやらせていたのである。

☞ どうですか，後半部のどんでんがえし。お見事。だからといって，ボブ・ホープはレーガンが嫌いなわけでも政治的に支持しないわけでもないのです。ただ，コメディアンとしてのプライドにかけて，黙っているわけにはいかなかったのでしょう！

あの甘いマスクのクリントン（William Jefferson Clinton [1946-]）大統領（第42代）といえば，すぐに実習生，モニカ・ルインスキーとの不倫疑惑を思い起す人もいるだろうが，今回は忘れましょう！いや，忘れてあげましょう！クリントンもさすがです。真面目な顔で，こんなジョークを言って聴衆を笑わせている。

- Being president is like running a cemetery. You've got a lot of people under you, but none of them are listening.
  大統領になることは墓地を管理するようなものだ。下にはたくさんの人たちがいるが，話を聞いてくれる人はだれもいない。

  ☞ アメリカは世界で唯一の超大国。その大統領であることは世界最高の権力者といえなくもない。だからこそ孤独なのでありましょう。そういえば，その昔，第33代大統領のハリー・トルーマン（Harry S. Truman [1884-1972]）は，「ワシントンで友人が欲しかったら，イヌを飼え。」(If you want a friend in Washington, get a dog.) などと言いました。

  第43代大統領のジョージ・W・ブッシュ（George Walker Bush [1946-]）にもご登場願おう。もっともこの人の場合は意図して言ったジョークよりも，普断の発言の方がより笑えるという稀有な才能をもっている。まずはマスコミで盛んに揶揄されているスピーチでの文法的な間違いから。

- Is our children learning?
  私たちの子供たちは勉強しているのか？

  ☞ Is ではなく，Are とすべきです。

- You teach a child to read, and he or her will be able to pass a literacy test.
  子供に本の読み方を教えれば，彼または彼女は読み書き能力テストに受かるだろう。

☞ he or her ではなく，he or she とすべきです。

2000 年 2 月に遊説先のサウス・カロライナでこんな演説をした。

● We ought to make the pie higher.
われわれは国家予算の総額をより引き上げなくてはならない。

☞ この場合，higher ではなく bigger ですね。話が少しずれますが，日本でも「株あがれ」と言って，八百屋で蕪（かぶ）を持ち上げた首相がいました。

実はブッシュ語録なる本が無数に出版されている。スピーチをめぐってこれほど多くの本が出版されたのは，ブッシュ大統領が初めてであろう。無数にある名（迷）語録からひとつだけ選ぶとすれば，

● I know the human being and fish can coexist peacefully.
私は人間と魚は平和的に共存できることを知っている。

☞ 野性の動物と人間との共存はよく言われることですが，「人間と魚との共存」とは。やはり常識をくつがえす，新しい発想のアイディアです。ブッシュさん，ごめんなさい。ぼくは泳げませんので魚との共存はできません！

ブッシュ大統領は，2001 年 7 月にイギリスを訪ねたとき，子供から「ホワイト・ハウスはどんなところですか」と聞かれて，It is white.（白いよ）と答えたという。これについては，ぼくはすぐれたユーモア感覚だと思っている。もしケネディが生きていたら，

同じ答え方をしたのではあるまいか。

政治家によるジョークやおもしろい発言を集めた本は数多く出版されている。歴史上の名（迷）言をみなさんも探ってみてはいかが。

ジョークのオチを考えてみよう。　初級

Politics is a great profession because there are great rewards. If you disgrace yourself, you can always write a book.

（解説は219ページにあります。）

吉田茂のユーモア感覚

　日本の歴代の総理大臣のなかで，いちばんウイットに富み，ユーモア感覚にすぐれていた人をあげるとすれば，吉田茂（1878-1967）以外にいないであろう。吉田は合計で7年余り政権を担当したが，敗戦後の経済の復興，講和条約の締結は最も輝かしい業績といえるだろう。

　吉田の人間性を物語るエピソードにはこと欠かない。こともあろうに，日本がまだ占領されている最中，あのダグラス・マッカーサー総司令官に対して，なにくわぬ顔で「G.H.Q. というのはどういう意味ですか」と聞いたというのである。マッカーサーが正直に「General Headquarters（総司令部）だ」と答えると，すかさず「Go Home Quickly（早く帰れ）の略だとばかり思っていた」と言ってのけたというから驚きだ。これほど痛烈な皮肉はない。

　また，終戦直後の食料危機のときに占領軍に 450 万トンの食料放出を要請したが，実はこの数字は過大なものであった。このことにマッカーサーが激怒すると，「わが国の統計が正確なものであったなら，あんな無謀な戦争はやらなかったろうし，また戦争に勝っていたかもしれない」と，言い返したというのである。

　推察だが，このことにより，マッカーサーは吉田に対して一目おき，かえって尊敬の念さえ抱いたであろう。

　選挙戦の最中，外套を着て演説をしていたら，聴衆から「失礼だぞ，外套を脱げ」と野次られた。そこで「これが本当の街頭（外套）演説だ」とやり返したという。この見事な切り返しに聴衆はおおいに沸いた。自分が不利なときに，ユーモアで咄嗟に言い返せるのは，吉田のユーモア感覚が本物だったからであろう。

20
日本人，ジョークになる

Grin
ニヤッ

　2006年の夏，外国から見た日本人にまつわるジョークの本がベストセラーになった。たかがジョークの本ということなかれ，これは極めてめずらしい現象である。これまで歴史ブーム，日本語ブームは周期的にやってきたが，日本人を笑いの対象にしたジョークの本がヒットしたのは今回がはじめてのことではないか。

　ある国民，民族の特徴を戯画化してジョークにするのは長い伝統があり，星の数ものジョークがつくられている。それはたとえ誇張されているとはいえ，その国が他の国からどのように見られているかをよく示してくれる。もともと日本人には，外国からどう見られているかということを非常に気にする性向があるが，それがプラスに働くこともあれば，マイナスに働くこともあるだろう。

　それではぼくの知る，外国人による日本人ジョークの一端を紹介しよう。

　海外旅行はいまでは特に目新しいものではない。だが日本でも海外旅行など夢のまた夢であった時代があった。信じられないかもしれないが，日本最初のパック旅行の団体客の写真が記事として新聞に掲載された時代があったのである。

　日本人観光客のイメージでもっとも流布しているものといえば，全員がカメラをもち，ところかまわず写真を撮りまくる光景である。

- There was a hijacking of a tourist bus. Luckily, it was filled with Japanese tourists——they got over two thousands photographs of the hijackers.

  観光バスがハイジャックされた。幸いなことに，全員が日本人の旅行者だった。彼らは2,000枚以上のハイジャックの犯人の写真を撮っていたのである。

☞ 2,000枚以上の写真とはいかにも誇張されているように思うが，これはまだ序の口。ジョークの世界では，なんと一挙に10,000枚もの写真を撮った例もあるのです！

いまではカメラのサイズが年々小型化してきている。手のひらサイズのカメラだってある。だから，むかしのように日本人といえば首からカメラをぶらさげて歩いている光景はほとんど見られない。
　だが外国人には日本人の観光客といえば，首からカメラの姿のイメージがやきついている。

- Many Japanese tourists loaded down with cameras were clustered in front of Buckingham Palace to watch the Changing of the Guard. The crowd was so thick that one of them fainted and collapsed. "Quick!" shouted a tourist. "Loosen his camera straps!"

  首からカメラをぶらさげた大勢の日本人観光客が，バッキンガム宮殿の前で近衛兵交替の儀式を群れをなして見ていた。ものすごい混雑のため，そのうちのひとりが気絶して倒れた。そのとき，ある観光客が叫んだ，「早く！首のカメラのひもを緩めてやって！」と。

☞ むかしはカメラは重くて貴重品でした。いまのように使い捨てカメラなどありませんでした。だから，日本人だけでなくみんなカメラを首にぶらさげたのです。ところが，日本人はつねに集団で行動しますので目立ったのです。

　日本製のカメラのすぐれた性能を利用して，日本以外の国の国民に対するジョークを作っている例もある。

● There's a Japanese firm that has developed a camera with a shutter speed so fast it can actually catch an Aussie with his mouth shut!
ある日本の会社は，オーストラリア人が口を閉じているところを撮ることができるほどシャッター・スピードが速いカメラを開発した。

☞ これはニュージーランド人から見た典型的なエスニック・ジョーク。オーストラリアとニュージーランドはなにかと張り合っている。ニュージーランドの人たちは，こんなジョークで「おしゃべりオーストラリア人」を揶揄しているのです。

　技術大国日本という像は，転じて次のようなジョークを生みだす。これはちょっと理解しにくいかもしれない。

● If the Japanese are such technological giants, why do they still eat with chopsticks?
日本人はものすごい技術の巨人なのに，どうしていまだに箸（は）を使って食べるのかな？

☞技術の巨人と箸との対照がおもしろいようだ。箸のほとんどが木製であり，金属性のフォークやナイフを使っている西洋人から見れば，木製の箸がなにか技術とは無縁で原始的に見えるのです。とくに，割り箸なんかは。

　日本人の英語の発音もジョークの対象になっている。とくに，日本人にはRとLの発音が苦手だ。
　Lは舌の先を上の歯ぐきにしっかりとつける，Rは舌の先を上の歯ぐきにはつけず舌をそり返らせる。他にも唇の形などぼくたちが習う発音のコツはいくつかあるが，使いこなせるようになるには根気強い訓練が必要で，なかなかむずかしい。

● Japanese:　　I like the flute velly much.
　Englishman: Do you play it?
　Japanese:　　Play it? No I eat it——apples, grapes and pears.
「私はフルートがとても好きです」
「あなたはフルートを吹くのですか？」
「吹くですって？　いいえ，私は食べるのですよ，リンゴ，ブドウ，ナシをね」

☞日本人は，I like the fruit very much. と言いたかったのです！

　もうずいぶん以前から，外国では日本製の製品の評判がとてもいい。使いやすくて故障が少ないからである。自動車，カメラ，テレビ，時計などの製品だけではない。化粧品などもメイド・イン・ジ

ャパン＝高級品というイメージがある。

● Once upon a time, products made in Japan were good only for a laugh. Objects broke one minute after being bought. Now many Americans buy Japanese cars, TV sets, computers, and almost everything else because of the care with which they are made. A young couple I know wanted a baby. They were afraid of our quality, so they made it in Japan.

むかしは，日本製の製品はよく笑いのネタにされたものだ。買ってすぐに製品が壊れたからだ。しかしいまじゃ，多くのアメリカ人が日本製の車，テレビ，コンピュータなど，よくできている日本の製品をなんでも買う。私の知り合いの若いカップルだが，彼らは子供が欲しかった。彼らはアメリカ製の品質を恐れて，日本で子供をつくった。

☞ ジョークの世界とはいえ，Made in Japan が子づくりにまで影響を及ぼしているとは驚きですね。

　子づくりとしての Made in Japan に驚いてはいけない。本書でも紹介しているノック・ノック・ジョークの世界にも，Made in Japan は浸透しているのである。

● Knock, knock.	とん，とん。
Who's there?	どなた？
Maiden.	メイデン。
Maiden who?	メイデンどなた？
Maiden Japan.	メイデン　ジャパン。

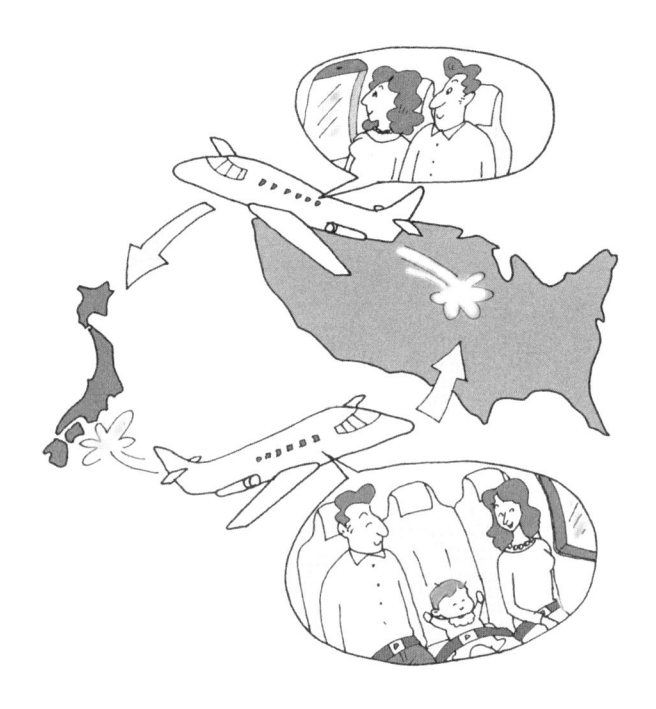

☞ Maiden と Made in をかけている。

日本人は電球取り替えジョークにももちろん登場する。

● How many Japanese manufacturers does it take to change a light bulb?
Three. One to make sure the new bulb is not foreign, one to change the bulb, and one to look into the export potential of the old bulb.
「日本の製造業者が電球を取り替えるのに何人必要か？」

「3人。ひとりが新品の電球が外国製のものではないということを確かめる。もうひとりが電球を取り替える。3人目が古い電球の輸出の可能性について調査する」

☞切れた電球まで輸出しようとする、と揶揄しているのです。

　長い間、東京は悪名高き世界一物価の高い都市であった。ぼくの実感では現在は違うと思う。ニューヨーク、ロンドンのホテルの宿泊費、マンションを借りたときの部屋代は東京と比較するとべらぼうに高い。
　しかし、ジョークの世界では、東京は依然として物価の高い都市なのである。

● Helen: Welcome back, Jack. Where did you go on holiday?
Jack:　Tokyo.
Helen: Tokyo. Wow, you must have a lot of money.
Jack:　No, I had a lot of money.
「ジャック、お帰り。休暇でどこへ行ったの？」
「東京だよ」
「東京、うわあ、ジャックってすごいお金持ちなのね」
「ちがうよ。お金持ちだったんだよ」

☞ジャックの最後のセリフが過去形になっていることに注目されたい。東京は物価が高くて、お金を全部使い果してしまったということを暗示しているのです。

　日本人はユーモアの感覚に欠けているとか、ウイットに乏しいう

こともしばしばジョークの対象になっている。

- What do you call a witty man in Japan?
 A foreign tourist.
 「日本でウイットに富んだ人をなんと呼ぶか？」
 「外国人の旅行者」

☞ 日本でたまたまウイットに富んだ人に出会ったとすれば、それは外国から来た旅行者に限られるということ。この本を読んでいただいた皆さんが、このジョークのよい反証となられんことを。

ジョークのオチを考えてみよう。　初級

What is a right bulb?
A Japanese light bulb.

(解説は219ページにあります。)

「ジョークのオチを考えてみよう。」
日本語訳と解説

0

　「スーツの仕上がりは6週間かかります」「6週間だって！神は全世界をたったの6日間でつくったんだぞ！」「全くそのとおりでございます。でも，世界の現状を見てごらんなさい」

　『旧約聖書』の「創世記」によれば，「神が造ったすべての物を見られたころ，それは，はなはだ良かった。夕となり，また朝となった。第6日である。こうして天と地と，その万象とが完成した。」とあります。しかし，世界の現状を見ますと，戦争，災害，環境破壊などが絶えません。世界を創造するのにたった6日間しかかけなかったから，ろくな世界ができなかったというのが仕立て屋の意見で，これがオチになります。

1

　先生はマイクに「句読点の打ち方がいかに重要かを理解してますか？」と聞きましたが，マイクは「はい，理解しています。ですから，いつも時間どおりに学校に来てます」と答えました。マイクはpunctuation（句読法）とpunctuality（時間厳守）をとり違えています。

2

　先生がダイアナに「1945年に生まれた人は，何歳になるでしょ

うか？」と聞いたのに対し，ダイアナは「うーん，その人は男ですか，女ですか」と聞き返しました。女の人の場合には自分の本当の年齢を言いたくないという心理があるとされるからです。また，とくにアメリカでは若いことはよいことだという価値観が日本よりも強いのです。

3

「あなたの祖母はどこの出身ですか？」というトムの問いに，ジョーは「アラスカ」と答えました。ところが，トムには，AlaskaがI'll ask her.（ぼく，彼女に聞いてみます）と聞こえたのです。ですから，「結構です。自分で彼女に聞いてみます」と答えたのです。

4

「トムはとても才能のある言語学者です。彼はエスペラントを母語話者のごとく話します」エスペラントは，人工の国際語ですから，「母語話者のごとく」という言い方がおかしいわけです。エスペラントは，1877年にポーランド人の医師，ザメンホフが創案しました。

5

「お父さん，ぼくガールフレンドと結婚したいんだ」「おまえはまだ10歳の子どもだ。少なくとも10年待ちなさい」「すぐに結婚したいんだよ」「どうやって生活するんだい」「お小遣いでなんとかやります」「子どもでもできたらどうするんだい」「お父さん，いまのところ大丈夫だよ」

つまり，すでに性的関係があるということです！父親は将来のこ

とを問い詰めてあきらめさせようとしているのに対し，息子は一人前にもいま現在の状況について答えているところが笑わせてくれます。

6

「お誕生日になにをもらったの？」「エレキ・ギターさ。今までで最高のプレゼントをもらったよ」「どういうことなの？」「だって，ぼくがエレキを弾かなければ，お母さんは週に5ドルくれるからさ」

お母さんにしてみれば，うるさいエレキの音を聞かなくてもいいので，5ドルあげるのでしょうね。

7

「お母さんは，あのきれいな花瓶は代々受け継がれてきたものだと言ってたよね？」「そう」「うーん，この世代でその伝統も終わったわ」

this generation とは，ヒラリーのことで，「この世代」という言い方が笑いを誘います。drop には「落とす」と「(伝統・慣習を)中断する」という2つの意味がかけられています。

8

「バカな真似はよせ！」「真似なんかしてないよ」この息子は，自分のことを本当にバカだと言っているのです！

9

「ドーナツの定義はなにか？」「正気でない百万長者」doughnut のスペリングに注目してください。dough は俗語表現で「カネ，

現なま」の意です。nut は「変人，バカ」の意です。それで，こんな「答え」になるのです。

10

「とん，とん」「どなた？」「アーサー」「アーサーどなた？」「鍋のなかにいくらかポテトフライが残っているかな？」

音が似ていることから，Arthur が，Are there の代わりに使われています。

11

「この卵，ちょっと変ですよ」「私を責めないでください。私はテーブルを用意しただけですから」

二重の意味を利用したジョークです。lay には「（卵）を産む」「（食卓を）準備する」の意味があります。「私はテーブルを用意しただけで，私が卵を産んだのではない」ということを言いたいのです。

12

「トム，魚は頭が良くなる食べ物であることを知っているかな？」「はい，知ってます。ぼくは，毎日，魚を食べています」「そうだったか！もうひとつ，科学的理論が必要のようだな」

トムは毎日魚を食べているのに，頭が良くないので，先生はこのように答えているのです。

13

「悪い知らせと恐ろしい知らせがあるんだがね」「まず悪い知らせを聞かせてくれ」「あなたの奥さんが1万ドルの値打ちのある写真

を発見したんだよ」「それが悪い知らせかい？　それならぜひとも恐ろしい知らせを聞きたいな」「恐ろしい知らせとはね，それがあなたと秘書が一緒に写っている写真なんだよ」

　秘書とジェイムズが一緒に写っている写真をジェイムズの妻が見つけて，それが1万ドルの値打ちとなる。つまり，写真はジェイムズの浮気の証拠となり，1万ドルとは妻への慰謝料ということ。

14
　花屋さんのトラックにつけてあったサイン：「注意して運転をしてください。つぎの配送先はあなたかも」

　ブラック・ユーモア的なサインですね。葬式に花はつきものですから。

15
　「その農夫はどうして有名なのかな？」これに対する答えの outstanding が二重の意味で使われています。「彼は自分がやっている分野ですぐれているから」という意味と「彼は外にいて，農場に立っている」という意味で使われているのです。

16
　「びしょぬれの動物はどんな動物かな？」「レインディア」
　reindeer（トナカイ）の rein と「雨」の rain は発音が同じです。

17
　「どうしてゾウは日にさらされて横たわっているのかな？」「だれもがホワイト・エレファントを好きではないから」

white elephant には，「真っ白なゾウ」が比喩に転じて「無用の長物」という意味もあるのです。

18

「なぜ，英語の先生は眼科医に行ったのかな？」これも，bad pupils が二重の意味で使われています。「できの悪い生徒」と「悪いひとみ」という意味です。

19

「政治はたいへんな見返りがあるので，すばらしい職業である。あなたが恥をさらすことになったら，いつでも本を書けます。」

これはとても辛辣なジョークですが，真実を言ってます。そういえば，「ジョークは，しばしば真実を伝える手段として役立つ」と言ったのは，イギリスの哲学者，フランシス・ベーコンでした。不倫で大スキャンダルをまきおこした元大統領，クリントンも本を書いて大儲けしましたからね。

20

「ライト（正しい）バルブとは何か？」「日本製のライト・バルブ（電球）」日本人が苦手とする R と L の発音の使い分けを利用して，right と light をかけています。

[著者紹介]

丸山孝男(まるやま たかお)

北海道に生まれる。
法政大学社会学部応用経済学科・文学部英文科卒業。法政大学大学院修士課程修了。英語学専攻。ニューヨーク大学大学院修了。英語教授法専攻。現在、明治大学商学部教授。専門は英語学、社会言語学、ユーモア学。「日本笑い学会」会員。
著書に『英語ジョークの教科書』(大修館書店)、『英語脳はユーモア・センスから』(KKベストセラーズ)、『例文中心カタカナ語を英語にする辞典』(共編著、大修館書店)、「書を捨ててパブに詣でる」「ロンドンのホテルを楽しむ」(『誘惑するイギリス』に所収、大修館書店)ほか、訳書に『感情表現・発想別 英語イディオム活用辞典』(大修館書店)などがある。

英語(えいご)ジョーク見本帖(みほんちょう)
Ⓒ Takao Maruyama, 2007   NDC837/X, 220p/19cm

初版第1刷────2007年5月1日

著者────丸山孝男(まるやまたかお)
発行者────鈴木一行
発行所────株式会社 大修館書店
　　　　　〒101-8466 東京都千代田区神田錦町3-24
　　　　　電話 03-3295-6231(販売部) 03-3294-2355(編集部)
　　　　　振替 00190-7-40504
　　　　　[出版情報] http://www.taishukan.co.jp

装丁者────────小島トシノブ(NONdesign)
本文イラスト────海老原ケイ
印刷所──────広研印刷
製本所──────牧製本

ISBN978-4-469-24523-3   Printed in Japan

Ⓡ本書の全部または一部を無断で複写複製(コピー)することは、著作権法上での例外を除き禁じられています。

英語 ジョークの教科書

丸山孝男 著

ちょっとしたユーモアのセンスで，会話ははずみ，場はなごみ，新たな知己が増えるもの。誰でも使える実践的ジョーク600を精選。英文に日本語訳と解説がついた決定版〈ジョークの教科書〉。楽しいコラム記事も多数。

四六判・272頁　本体1,900円

ジョーク力養成講座

野内良三 著

世界のジョークをふんだんに例示しながら，ジョークを理解するために必要な推論の力や鋭いセンスを養成する。また，ジョークのエスニック性を示し，それぞれの国がもつ文化や伝統の独自性・奥深さの一端にも触れる。

四六判・240頁　本体1,500円

定価＝本体＋税5％（2007年5月現在）